人事のプロが教える

仕事に大切な7つの基礎力

深澤晶久
実践女子大学 特任教授
資生堂 前人事部人材開発室長

かんき出版

これから求められる人材とは——はじめに

ここ数年、多くの会社が人材育成の方針を転換していることは、ご存じですか？

端的に言えば、即戦力重視・速成主義の傾向が強まっているのです。その結果、基礎づくりをあまりしないために、職場で苦労する若いビジネスパーソンが増えました。

つまり、仕事の基礎・基本をしっかりと身につけないままに、突然、高度な知識や情報、そしてスキルやテクニックを詰め込まれ、さらに成果を求められて重要な仕事に就《つ》かせる会社もあると聞きます。

こうした環境は、若い人にとって不幸です。

ですから今まで以上に、**社会に出てから、特に最初の数年間の過ごし方が、その後のビジネス人生に大きな影響を与える**ことになると考えます。

では、最初の数年間で、何を身につけておくべきか？

その問いに答える前に、本書の最終目的を伝えておきましょう。それは、

「どんな時代が来ても、あなたには、たくましく生き抜いてほしい！」

という思いです。そのために、何をすべきかを記していきます。

仕事で果実を安定的に年々増やし続けるためには、土壌という基礎力をしっかり、つくり上げなければなりません。その最初の時期が、入社後の数年間と言えます。

この時期は、目先の成果にとらわれずに、社会人として、ビジネスパーソンとしての基礎を身につけることです。ここで身につけたものは、一生、役に立ちます。

その基礎力を強める軸は、次の７つです。

基礎力１　信頼され、愛されること
基礎力２　学び続けること
基礎力３　脳ミソに汗をかくほど考えること
基礎力４　主体的に動くこと
基礎力５　美意識を大切にすること
基礎力６　支え、支えられること

基礎力7　習慣化すること

これらの基礎力が身につけば、必ず、ビジネスパーソンとしても、人間としても成長し、しかも、自分の力と周りからのサポートを受けることで、やがて成功への道を歩むことになるでしょう。

これらがしっかりと身につけば、どんな業界、どんな企業にいても、実力を十分に発揮できるのです。またどういう時代が来ても生き抜くことができます。昨今の若手社員が持つポテンシャル（可能性）は、きわめて大きいと感じているので、意識して基礎力を身につけてください。

社会人には、さまざまな能力が求められます。どんな部門でも専門知識は不可欠でしょうし、部門によっては語学の能力が求められるケースもあるでしょう。やがて後輩や部下を持つようになれば、マネジメント能力も磨かなければなりません。

しかし**基礎が弱ければ、どんなに専門知識を磨いても、「できるビジネスパーソン」として、継続して活躍することは難しい**。なぜならビジネスも人生も、予想できない難問があなたを襲ってきます。そのときに基礎力が弱い人は、問題を正面から受け止められないことが多いからです。

ところが、それほど大切なことなのに、冒頭に書いたように、会社は即戦力重視になってきています。だから、基礎力の強化を、会社だけに頼るのではなく、自ら進んで取り組んでほしい。私はこのことを**「自育力」**と名付けました。

そしてまず、「7つの基礎力」を身につけてください。

私は化粧品メーカーで、採用や能力開発のための研修などを担当する「人材開発部門」のリーダーを務めてきました。

その間、採用の仕事で8年間に拝見したエントリーシートは3万通以上。面接した数は延べ数千人になります。約1000人の新入社員を迎え、研修を行い、その実力を伸ばすお手伝いをしてきました。

研修業務については若手向けだけでなく、管理職研修のありかたも、刻々と変化しています。その変化を経験できたことは、大変幸せです。

また、産業界・官庁・大学などとのいろいろな会合で、他組織の人事・人材開発部門のリーダーとご一緒する機会も多く、今でもいろいろな情報交換をしています。

いつもそうですが、彼らとの話題の中心になるのは、次の3つです。
「伸びていく人の、共通点は何か」
「どのような人材が、これからは求められるのか」
「社員が成長するためには、何が大切か」

これらの経験をもとに、若いビジネスパーソンや、これから就職・転職を考えている方に、お伝えしたいことをまとめたのが本書です。

ぜひ自分自身を磨き、どんな環境でも通用する社会人としての基礎力を身につけてください。あなたのジョブキャリアだけでなく、人生全体が輝くものになってくれることを、心から信じています。

2014年7月

深澤晶久

仕事に大切な7つの基礎力……目次

基礎力⑥ 支え、支えられること

基礎力⑦ 習慣化すること

プロローグ

なぜ、自育力が必要か

1 企業に「育ててもらう時代」は、終わった

いろいろな会社の人事担当者と話をしていて、最近、痛切に感じるのが、「企業に、人材をじっくりと育成する余裕がなくなっている」ということです。

私が社会人になったのは、今から30年以上前のこと。当時は、一般的には、「新入社員は、入社から5年で一人前になればよい」と考えられていました。企業には終身雇用という考え方が根づいていて、従業員を長期間かけて、ていねいに育てる風土があったのです。ところがいつの間にか、与えられる期間は短くなっています。

20年前には「3年で一人前」が基準になり、そして昨今では「1年間で一人前になってほしい」と語る企業も現れました。

背景の一つは、経営環境の劇的な変化です。

経営者層は、株主などのステークホルダー（利害関係者）から短期間で成果を出す

ようプレッシャーをかけられるようになり、さらに失われた20年も重なりここ数年は、長い目で事業を捉《とら》えることが難しくなっているとも言えます。その結果、企業は若手を長期的な視点で育てる余裕を失っているのです。

もう一つの背景が、人材の流動化です。

人事担当者の間では、俗に「3年・3割」と呼ばれる法則があります。これは、大学を卒業した新入社員の3割が、入社から3年以内に離職するというものです。さらに、従業員数が30人未満の小企業に限ると、3年離職率は5割に達します。せっかく若手を育てても、かなりの人が一人前になる前に退社してしまうわけです。

こうした状況があるため、新入社員の研修期間を短くする企業は増える傾向にあります。では、新入社員に求められる知識・スキルのレベルは、以前より低くなっているのでしょうか?

答えはノーです。むしろ、**新入社員に任される仕事の質・量は、以前より増している**と言えるでしょう。たとえば、飲食業や小売業といった業態では、入社1年目、2年目から店長職などのリーダーを担当させるケースが珍しくありません。20代の若い人にとって、これはかなり荷の重い役割だと思います。また、他業界でも、ビジネスはグローバル化・複雑化の度を増しています。

現場で「生きた仕事」に触れるのは、若い人にとって貴重な体験です。そこから学べる事柄は膨大でしょう。ただし、**十分な準備もなしに過酷な現場に放り込まれることは、若手にとって幸福なこととは言えません。**

初心者がスポーツを始めるときは、基礎体力づくりからスタートします。ランニングやウエイトトレーニングなどを行い、持久力や筋力をしっかり身につけてから、実際の練習に取りかかるものです。もし、基礎体力づくりをおろそかにしたまま練習などを行うと、思わぬ怪我をしてしまうからです。

仕事でも、同様のことが言えます。社会人として必要な基礎力づくりをおざなりにしたまま、職場に入って目の前の仕事に追われてしまうと、思わぬ大失敗をしてしまう危険性が高いと言えます。

日本企業のなかには、従来通り、ていねいに人を育てようと考えるところもあります。たとえば、私が勤務していた会社では、今でも将来を見据えて人材を育成する仕組みになっています。

しかしながら、そうした環境で社会人としてのキャリアを踏み出せる人ばかりとは限りません。残念ながら、それが現実なのです。

もし、「うちの会社は私を育ててくれない」と不満を漏らす人がいるとしたら、まるでひな鳥のように、口を開けて餌《えさ》を与えてもらうのを待っているような姿勢ですね。こうした人は、今後、成長する機会を失ってしまうでしょう。

そこで私が若い人に強調したいのが、自らの手で自身を育てることの重要性です。会社から与えられたプログラムだけに依存せず、社会人に必要な基礎力を自分自身で育てていく力、つまり「自育力」を身につけてほしいのです。

「会社に育ててもらう時代」から「自ら育つ時代」へ。今後は、**自らが主体性を発揮し、自ら修羅場に飛び込み成長していくことが求められる時代**だと言えるでしょう。

2

「昨日までの自分」を、ライバルにしなさい

左ページに示した3つの数式、どういう意味か分かりますか?

1を365乗、つまり365回掛け算しても、答えは1のままです。ところが、1・01を365回掛け合わせると、答えは37・78。40倍近くに増加します。一方、0・99を365回掛けると、答えはわずか0・03弱という小さな数字に減少してしまいます。

1・01と0・99の差は、たったの0・02しかありません。ところが、掛け算を365回繰り返すと、双方の差は非常に大きくなってしまうのです。

数式の言わんとするところは、こうです。

「毎日、1パーセントでも伸びようとする人は、いずれ大きな成長を遂げられる。一方、毎日わずかでも妥協してしまっている人は、近い将来、成長するどころか大きく後退してしまう」

$$1^{365} = 1$$

$$1.01^{365} \fallingdotseq 37.78$$

$$0.99^{365} \fallingdotseq 0.026$$

この本を手に取っているのは、若い人がほとんどだと思います。皆さんは、社会人として基礎づくりをする一番大切な時期です。ここで日々成長できれば、１０年後、あるいは２０年後に、素晴らしいキャリアを切り開くことが可能でしょう。一方、実力を伸ばせなかったり、逆に停滞してしまったりした人は、期待通りのキャリアを送れないというわけです。

それでは、「毎日1パーセント成長」を目指すためにはどうしたらいいでしょう？

そのためには、**自らが「成長したい」と心から思うこと。**そして「昨日までの自分」をライバルに見立てて、今日を少しでも成長させようと挑戦することです。

一流のスポーツ選手たちも、ほぼ同じことを言いますね。「他人と争うのではなく、自分との戦いだ」と。

若い人にお勧めしたい方法があります。あなたは上司や顧客からいろいろな課題を与えられることが多いでしょう。このとき**与えられた目標・納期などより、少しだけハードルを上げた「自分だけの目標」を設定すること**です。

たとえば、あなたが上司からレポート提出を頼まれたとしましょう。与えられた締め切りが10日後だったら、自分のなかの締め切りを、まず1日でも早く繰り上げて遅くても9日目には提出するのです。

あるいは、いったん「このくらいで十分かな」と思える程度のレポートを作成した後、さらにクオリティを高める工夫をしても構いません。とにかく、相手の期待に対し、少しでも自分なりの付加価値を高めるよう努力するのです。

こうした取り組みを意識して繰り返していると、実力は自然に高まります。また、周囲の評価も変わるでしょう。「彼（彼女）は、いつも期待以上の結果を出してくれる」と認められると、より責任の重い、そして、よりやりがいを感じられるような仕事が巡ってきます。そうすれば、さらに仕事に対するモチベーションが高まり、良い仕事ができるという、プラスの循環がもたらされるのです。

ここで大切なことは、繰り返しますが、厳しい目標を自《みずか》ら設定することです。

人間は不思議なもので、人から何かを押しつけられると、とたんにやる気を失ってしまいます。人から言われるのではなく、**自らが厳しい環境に飛び込む。それが、成長へのエネルギーを生みます。**

余談ですが、入社を希望する学生には、エントリーシートなどの提出が義務づけられるケースがほとんどです。提出までの期間は3カ月程度用意されているのが普通ですが、早い時期に出す学生はごく少数。実に8割程度の人は、締め切り間際に提出します。なかには、慌てて送ったためにケアレスミスを起こしてしまい、あえなく不合格というケースも珍しくありません。

締め切りが近づかないと、なかなか行動できないという気持ちはわかります。しかし、日程に余裕があるうちに済ませてしまう方が、質の高い仕事ができることは、明らかでしょう。まさに、1パーセントの努力の積み重ねです。

3 修羅場の経験こそ、成長への転機となる

皆さんは、激しい運動をして筋肉痛を起こした経験があるでしょう。

筋肉痛とは、負荷の強い運動をした結果、筋肉内の毛細血管が切れたり、筋肉の繊維が壊れたりして痛むことです。人の身体には、壊れた部分を修復しながら強化しようとする特性があるため、筋肉痛を起こした部分は、以前より強化されます。逆に言えば、筋肉痛を起こさないような軽い運動をしても、肉体は強化できません。

人の成長は、筋肉痛に似ています。あまりに重すぎる負荷をかけると、心が折れたり体調を崩したりして本末転倒になってしまいます。一方、負荷が軽すぎると、成長はできません。**大切なのは、「現在の実力より、少しだけ高い目標を目指す」**ということ。そうすれば、あなたは間違いなく成長できます。

最近の日本企業では、「ワーク・ライフ・バランス」という言葉が大切にされてい

ます。これは文字通り、仕事と生活のバランスが取れた生き方という意味です。「モーレツ社員」がもてはやされた高度成長期はすでに過去のこと。これからは、プライベートも充実させながら、余裕を持った働き方、言い換えれば生産性の高い仕事をすることが求められるでしょう。

ただし、若いころに仕事に打ち込むのは、決して悪いことではありません。とくに20代の時期に仕事に集中しておくと、成長の基礎づくりが加速するようです。

私自身も、30代半ばくらいまではかなり残業もしましたが、仕事が苦になったことはありません。たとえば、本社でマーケティングを担当していたころは、自分で練り上げたプロモーション企画が日本全国で展開されるわけです。

時には厳しい状況に直面して悩んだことも、責任の重さに苦しんだこともありました。しかし、多くの仲間と共にとことん打ち込んだ仕事は、この上なく楽しく、充実していたことを思い出します。

その上、成長できているという実感がありました。壁にぶつかり、それを乗り越えるごとに、自らのスキルや知識が伸びていると自覚できたのです。

「修羅場」とも呼ぶべき状況にぶち当たったこともあります。これもいま振り返れば、成長するための大きなきっかけになりました。

最初の修羅場は入社2年目。1981年9月のことです。その日のことは30年以上経《た》った今でも決して忘れません。

当時、私は営業職として、箱根と伊豆半島エリアを担当していました。そして、あるお得意先に集金に訪れようと電話をしたときから、そのご店主は怒りモードな声です。そして実際に私が店を訪れたとき、その理由はすぐに分かりました。ご主人は店の前に立ち、まさに仁王立ちの怒りの形相で私を待ち受けていたのです。

ご主人が怒ったのは、私がそれまでの商習慣を破ったからです。そのお店は、毎月末日の午後に小切手で決済する約束になっていました。ところが前任者との引き継ぎがうまくいっておらず、私は数日早く集金に訪れたのです。

資金繰りに心を砕く経営者にとって、私の無神経な「集金など多少早くてもいいだろう」と考えたのが許せなかったのでしょう。私は奥座敷に通され、正座のまま3時間も説教をされました。そして最後に、ご主人は、「お前を一人前の営業マンだと認めるまで、オレはお前の名前を呼ばない」と言い渡したのです。

このときは本当に辛《つら》く、退職して責任を取るしかないとまで落ち込みましたし、何より自分自身の無知に腹が立ちました。しかし、ご主人に名前を呼んでもらうまでは辞めるに辞められない。そう考え、上司や先輩に知恵を借りながら毎日のようにお店に出向き、何とか役立てないかと必死に汗を流すことにしました。

半年後、ご主人から「深澤くん」と呼んでいただいたときは、感激で涙が止まりませんでした。自らを振り返ると、ご主人のお役に立とうしている間に、自然といろいろな仕事を覚えていたのです。私にとってご主人は、一人前になるための最高のトレーナーでした。

最初から仕事をうまくやり遂げられる人などいません。誰もが、失敗を重ねて学んでいくものです。特に、**修羅場のような厳しい環境に直面すると、人は膨大な気付きを得ることができます。**

人には、急激に成長できる時期があります。社会人になってから3～5年目くらいまでは、まさにそういったタイミングでしょう。この時期に、自分にブレーキをかけてしまうのは、実にもったいない。まさに、「鉄は熱いうちに打て」です。意識して自分自身にプレッシャーをかけてください。

4
「良い会社」とは、4つの基準で判断しなさい

「ブラック企業」「ホワイト企業」という言葉は、ここ数年で大きく広まりました。学生や若手ビジネスパーソンのほとんどが、この言葉を耳にしたことがあるでしょう。しかし、「ブラック企業」と「ホワイト企業」を、短絡的に捉《とら》えている人も多いと感じます。世の中には「ブラックな環境だが、良い会社」もあれば、「ホワイトな環境だが、最悪の会社」もあるのです。

皆さんは、時間を忘れて何かに没頭したことがあると思います。たとえば、ディズニー好きな人なら、人気アトラクションの行列に1時間並ぶこともまったく苦にならないはず。「どんな楽しいことが待っているのかな?」と、ワクワクしながら待つことができるでしょう。

仕事でも、まったく同じことが言えます。若いころに所属していた営業部門で、私

は毎日、かなりの残業をしていました。どちらかと言えば、「厳しい環境」だったかもしれません。しかし、仕事を心から楽しむことができましたし、自分自身が日々成長している手応えも感じていました。その結果、ある程度の長時間労働はまったく苦になりませんでした。

一方、単調で人の役に立っている実感も得られず、職場の雰囲気も最悪という仕事があったら、たとえ勤務が定時で終わったとしても大きな疲れを感じるはずです。

給料などの福利厚生面でも、似たようなことが起こり得ます。初任給はとても高いが、入社後にスキルをまったく磨けない企業があれば、それは「ホワイト企業」とは言えないでしょう。一方、入社当初の働く環境が厳しくても、人材としての価値をぐんぐん高められる企業があれば、それは「ブラック」とは呼べないはずです。

給料が高くて残業も少ないから「ホワイト企業」だという捉え方は、視野の狭い見方です。**給与額、労働時間の長さといった物差しだけで、「良い企業」か「悪い企業」かを見分けることはできません。**

そこで私は、次の4つの切り口で企業をチェックすることをお勧めしています。

チェックポイント1　◎社風・経営方針に共感できる

風通しが極端に悪い社風、共感できない経営方針のもとで働くのは、従業員にとって大きなストレスになります。このような環境では、仕事に全力を尽くそうとするパワーが生まれません。逆に、「人のために役立っている」「働いていて楽しい」と実感できる職場なら、のびのびと仕事に取り組めるでしょう。

チェックポイント2　◎自主的に学べる仕組みがある

社会人になると、学ぶことの大切さが身に染みます。日々、新しい知識を仕入れることが、仕事の質を高める近道だからです。そこで、人材育成のしくみが充実している企業はポイントが高いと言えるでしょう。研修に積極的に取り組んでいる企業、通信教育やe-ラーニングなど自己啓発を受講する従業員に手厚い補助を行う企業なども、プラス評価です。

チェックポイント3　◎仕事に対し主体的に取り組める

上司などから言われるままに働くだけでは、絶対に成長できません。自分で考え、自ら行動に移せる社風があるかどうか見極めましょう。また、「社内公募制度」など、やりたい仕事に挑戦できる仕組みがある企業は評価できます。

チェックポイント4　◎目標にできる上司・先輩がいる

人が成長するためには、目標が必要です。その点、「こんな人になりたい！」と憧《あこが》れることができるような上司・先輩がたくさんいる職場なら、成長への熱意も湧きやすいでしょう。社外の人と出会い、刺激を得る機会が多いのであれば、さらに理想的です。

すべてに共通するのは、「成長」というキーワードです。良い企業とは、自らを伸ばせるチャンスが豊富にある企業だと、私は考えています。こうした見地で、いま所属している企業や、就・転職を目指す企業を見つめてみてはいかがでしょうか。

基礎力①

信頼され、愛されること

「すぐに成果を出したい。出さなくてはいけない」と、
とかく考えてしまいやすい。
しかし、企業が若手に期待するものは、成果ではなく、
一人の人間として信頼できるかどうかです。
謙虚さと真摯《しんし》な姿勢で、信頼を勝ち取ってほしい。

5

謙虚に誠実に、現実を受け入れる

最初に取り上げる基礎力は、「謙虚さ、誠実さ」です。

他人からいただいた言葉を素直に取り入れる。心を込めて相手のことを思いやる。

そんな姿勢を持つことが、若い人にとって最も大切なことだと、強調しておきたい。

「他に、もっと重要なスキルはあるのではないか？」

と意外に思われる方もいらっしゃるでしょう。しかし、謙虚さ、誠実さこそが、すべてに優先する事柄なのです。

社会に出た私は、すんなりと納得できないようなことを、数多く経験しました。顧客から、どう考えても難しい要望を寄せられたこともあれば、上司から理不尽なことを言われたこともあります。

社会では、時に理不尽としかいいようのない出来事が起こります。たとえば、こんなことがありました。私が入社3年目ごろの話です。

ある朝、直属の上司が、部下全員に向かって取引先に対する方針を示したのです。私はミーティング終了後、その方針に基づいた話をお得意先にしました。

ところが、夕方になり商談を終えて会社に戻ると、その上司から「朝に話したことは取り消す。明日からは、別の方針で進める」と指示されました。朝令暮改《ちょうれいぼかい》とは、まさにこのことでしょう。

私は仕方なくお得意先の元に再び出向きました。そして、営業方針が変わったことを説明しました。当然、お客さまからは、「昨日の話と違うじゃないか！　一体、どうなっているんだ！」と怒られました。しかし、上司から命じられた営業方針を元に戻すことはできません。私にできることは、ひたすら謝ることと、その方針の説明を繰り返すだけ。何度も頭を下げながら、私は実に割り切れない思いを抱えていました。

しばらく経ってから、当時の上司の行動は理解できました。短い間に状況が変わったため、方針を大幅に切り替えざるを得なかったのです。朝令暮改を避け、従来のやり方をそのまま続けていたら、おそらく大きな損失を出してしまったでしょう。

現代のビジネスにおいて、この種の方針転換は頻繁に起こり得ます。環境変化のスピードアップに伴い、企業には柔軟な対応が求められるからです。そのため、現場で戦っている若い人にとっては、時に理不尽な思いをする局面もあるでしょう。

こんなとき、上司に文句を言っても始まりません。状況をありのまま受け入れ、会社の方針を自分なりに理解すると共に、顧客の立場にも配慮しながら、そこからどうやって対応するのかを考えるのが社会人なのです。

まさに**「できるかできないかではなく、やるかやらないか」**なのです。

ただし、謙虚さ・誠実さとは、「イエスマン」であることとは異なります。イエスマンとは、自分の軸を持たず、上司など強い立場の人になびく人を指します。彼らは仕事の成果より、自分が楽な立場でいることを優先するのです。

一方、謙虚で誠実な人が優先するのは、仕事の成果を最大化すること。彼らは**「自らが置かれた状況に不平を言っても仕方がない」**と現実を受け入れます。

カギは、現状を素直に捉《とら》える前向きさです。理不尽な現状に対して不平不満をぶつけても、何も変わりません。それどころか、周囲や自分のモチベーションを下げるなどのマイナスばかりがもたらされるでしょう。それより、起こっていることをありのまま受け入れる人の方が、ずっと頼りになります。同時に、周りからの助言を素直に受け入れ、まっすぐ成長することができるでしょう。

謙虚に誠実に、現実を受け入れる。どんなに厳しい局面にあっても、真正面から受け入れ、諦めずに前へ進むこと。これが一人前の社会人になる第一歩です。

反対に、すべてを他人のせいにしてしまう、いわゆる「他責な姿勢」では、絶対に成長することはできません。また他人から信頼されることもありません。その結果、一人前の社会人への成長が遅れてしまうわけです。

6

愚直な行動で、愛され上手になる

ビジネスパーソンにとって、「愛され上手」であることはものすごい才能です。

つまり、周囲から可愛がられる存在になれれば、「これを知っておくと仕事に役立つよ」「困ったときはこう動けば解決に近づけるよ」などと、成長のためのヒントを教えてもらえるからです。

逆に、孤立してしまいがちな人は、新たな知識を手に入れるチャネルが狭まってしまい、成長しづらくなる危険性があるので注意が必要です。

とりわけこれからは、周囲に愛される力がものを言うようになるでしょう。というのも、現代は「先の見えない時代」になりつつあるからです。

従来は、仕事をする際に「先人の知恵」を大いに役立てられました。新しい化粧品を売りたいなら、有名タレントをテレビCMに起用し、女性が好みそうなパッケージをつくるなど、従来の成功事例に沿った手法を採用すればよかったのです。経営陣や上司も、過去の成功体験に基づいたノウハウを豊富に持っていました。

ところが、昨今ではそうした過去の蓄積が通用しなくなっています。グローバル化が進み、インターネットが普及して、社会の姿が大きく変わったからです。「正解が見えない時代」がさらに加速し、上司の指示やマニュアル通りに動いても、成果は得られないことが数多くなりました。

こうした状況で少しでも正解に近づくためには、多くの人の知恵を借りることが不可欠です。この点でも、多くの人に可愛がられる人は、たくさんの情報を集めることができ、優位に立てます。言い換えれば、人間関係形成力の重要性が増しているということです。


可愛がられようと、人に媚《こ》びを売る必要はありません。大事なのは、素直さと謙虚さです。他人の意見を素直に、謙虚に聞き入れられる人は、自然と愛されます。

また、お得意先や上司に食事をごちそうになった後で、すぐに感謝のメールを送る、お世話になっている人の誕生日に記念のカードを送るなど、ちょっとした心遣いも大事でしょう。

目立たないところで、誰かの役に立とうとするのもいいでしょう。人間は自分のためには頑張れなくても、**誰かのためなら頑張ろうという気持ちになれるもの**です。

私も若いころ、何気なくやっていたことがきっかけで、周囲との人間関係が広がるようになった経験があります。

私は入社後、社内の野球部に入部しました。当時は、毎週水曜日と土曜日に早朝練習をし、日曜日に試合をするのが通例でした。

私は「商品課」という部署に配属され、注文を受けた商品を出庫し検品する業務を担当していたときのことです。仕事はとても忙しかったのですが、時には順調に進み、夕方4時半くらいにその日の仕事が終わったこともあります。そんなときのスキマ時間を見つけては、会社に置いてあった野球部のグラブを磨いていました。もちろん、これは業務ではありません。

私はだれかにアピールしようと思って磨いていたのでなく、単純に、グラブをきれいにすれば、気持ちよく練習ができるだろうと思ったからです。本来の仕事ではないとしても、自分のできることをする。本当に、ただそれだけでした。

ところがある日、先輩の一人が「最近、グラブがきれいだな。だれが磨いているんだ？」と気づきました。磨いているのが私だと分かり、先輩方から気にかけてもらえるようになったのです。今まで、グラブ磨きをしている新人などいなかったからでしょう。

そして、それまでは接点がなかった先輩からも声をかけられるようになり、私の人間関係は一挙に広がりました。当時、そうした先輩から、仕事について教えてもらったことがたくさんあります。

どんなに地味な行動でも、見ている人は見ているものです。

人からよく思われたいと計算をしないで、**他人のため、自分が役立てることを愚直にこなす。**それは一見遠回りに見えますが、周囲から可愛がられるための最短距離なのかもしれません。

素直さ、謙虚さ、そして愚直な努力によって、周りから可愛がられる存在になってほしいと思います。

7
頼まれた仕事には、イヤな顔をしない

以前勤めていた会社では、管理職であっても、コピー取りやお茶くみなどは自分でこなすのが当たり前でした。しかし、企業のなかには「雑用は若手の仕事」としているところもあるでしょう。

若い人のなかには、こうした雑用・単純作業といわれる仕事を頼まれると、イヤな顔をする人もいます。しかし私は、**「雑用という仕事はないけれど、雑な仕事にしてしまうか、しないかは本人次第」**と考えています。

コピー取りという仕事を軽んじない方がいい。ここから学べることは、実に多いのです。たとえば会議用の資料であれば、コピーする部数で参加する人数が分かります。すると、会議に関係のある部署や担当者の顔ぶれも、何となく見えてきます。

資料の中身に応じて、より適切なホチキス留めのやり方は変わるかもしれません。

もし営業実績などのデータが満載されている資料なら、複数のページを見比べる可能性があります。こうした状況をあらかじめイメージしておけば、ホチキスの留め場所を判断できるでしょう。

一方、保存性の高い資料であれば、後でバラバラになりにくいように、工夫することが求められるでしょう。このように、資料にふさわしい形を考えれば、会議の参加者にも喜ばれます。

コピー取りを頼まれたのは、その資料を読む許しを得たということです。若手にとって、資料は格好のテキスト。仕事の知識を増やしていく絶好機だと言えます。

このコピー取りのような小さな仕事も、上司や先輩はしっかり見ています。もし、気の利いたやり方でコピーを取れば、「この若手は仕事ができるな」と評価されるでしょう。すると、次はもう少し難易度の高い仕事が回ってきます。そして、そこでも期待以上の仕事をすれば、次はさらに難しい仕事を任せてもらえるのです。

最近は減っていますが、お茶くみだって同じことです。取引先や協力企業の方にお茶を差し上げれば、その人たちのお名前や役職を知ることができます。将来、一緒に仕事をする人々を知っておけば、いずれ必ず役に立つはずです。

上司から仕事を頼まれたとき、「この仕事は、私の成長のためにどう役立つのですか?」と質問する人がいます。これも、あまりお勧めできません。

仕事を通じて成長を目指そうとする姿勢は、もちろん素晴らしいことです。ただ、仕事を頼まれるごとに気にしすぎるのはどうでしょう。上司も人間です。あまり頻繁《ひんぱん》にこの種の質問を受けると、うんざりしてしまうのです。そして、「この若手は、仕事を頼むとややこしい質問ばかりするからなあ……」と思い、仕事を頼まなくなってしまうかもしれません。

頼まれた仕事は、たとえどんなに忙しい場面でも、イヤな顔をせずに引き受けましょう。上司や先輩から仕事を頼まれるのは、成長のための大きなチャンスだからです。

前に勤めていた部署でアシスタントについてくれたあるスタッフも、実に信頼できる人でした。一度、彼女にレポート作成を頼んだことがあります。すると、彼女はそのことを翌年も覚えていて、「今年もあのレポートを作成しておきました」と提出してくれたのです。そのレポートは、確かに毎年作成する方がベターなものでした。

彼女の仕事に対する理解力、上司のために役立とうと考えている誠実な姿勢、そして、先回りして上司に確認を取った計画性の高さなど、彼女への評価がグンと高まるのは当然です。

口先だけで「私はどんな仕事でも成果を出せます」と何度連呼しても、決して信頼は得られません。**信頼関係は、実際の行動によってしか築けないのです。**

ですから、与えられた仕事を拒否してしまうのは、実にもったいないことだと思います。それは、次につながるチャンスを失ってしまうことだからです。

チャンスというものは、昔話にあった「わらしべ長者」のようなもの。最初に手に入れたものは一本の藁《わら》だったけど、交換していくうちに徐々に価値のあるものを手にし、最後は大きな屋敷を手に入れる——というチャンスにつながる可能性があります。

細かくて地味な仕事も、決しておろそかにしないこと。それらに誠実に、全力で取り組めば、次のチャンスが回ってくるのですから。

8
「上司ならどうするだろう？」と、考えてみる

初心者がサッカーをする場合、自分のプレーをするだけで精一杯です。そのため、思わぬミスをして相手につけ込まれることになりがちです。これに対し上級者になると、ピッチ全体を俯瞰《ふかん》することが可能。味方はもちろん、相手のフォーメーションを把握し、効果的に動くことができます。相手の立場になって戦況を見ることで、こちらの守るべきポイントや、相手チームの弱点が分かるのです。

このやり方は仕事にも応用できます。上司や先輩から仕事を頼まれたら、「なぜ、上司は、私にこの仕事を任せたのだろう？」と考えてみるのです。

たとえばあなたが、お得意先の店頭で使うＰＯＰづくりを頼まれたとしましょう。もし、「ＰＯＰづくりなんてつまらない仕事だ」と腐ってしまったら、成長のチャンスは失われます。

一方、**先輩の意図がどこにあるか想像力を働かせてみると、視界は大きく開けます。**

もしかすると、先輩はあなたに販売現場についての理解を、より深めてもらおうと思っているのかもしれません。あるいは、そのPOPをつくる際の必要な情報を集めることで、業務スキルを磨くチャンスを与えている可能性もあります。

上司や先輩は見ていないようで、案外、あなたの姿を見ているものです。彼らから任された仕事は、あなたの成長に必要だったり、向いていたりするケースがほとんどです。特に、「お前しかできない仕事だ」と言われたときは、絶好のチャンス。それは、あなたにうってつけの仕事である可能性が高いのです。

実は私にも、上司・先輩から任された仕事を通じ、大いに成長させてもらった経験があります。それは、労働組合（労組）の専従の仕事を頼まれたときのことでした。

私には正直、無縁な世界だと思っていたのです。ところが、お世話になった先輩で当時委員長だった方から、1年だけでいいから手伝ってくれと頼まれたのです。まさに青天の霹靂《へきれき》でした。労組の仕事にはまったく興味がなく、最初は、どうして私がそんな仕事をしなくてはならないのかと面倒に感じたものです。

しかし、恩のある先輩からどうしてもと頼まれ、私はしぶしぶ、労組の仕事を手伝うことにしました。

いざ労組の役員を経験してみると、この仕事はやりがいのある立場であると分かったのです。社員の労働環境を改善し、気持ちよく働ける職場づくりに取り組む。あるいは、困っている社員をさまざまな角度から手助けするといった仕事は、私の強み・性格を存分に生かせるものだったのです。私自身は、そのことに気づいていませんでした。

しかし、私を誘った先輩は、「お前ならできると思っていたよ」と涼しい顔をして言ったのです。私自身が気づいていなかったものを先輩は見抜き、それを伸ばす機会を与えてくれたのです。

その後、私は労組の中央書記長、そして労組のトップである中央執行委員長を経験し、労組に在籍していたのは、トータルで9年間。実に濃密な、そして私のキャリアの軸ともなる経験をさせてもらったと言えます。


「上司の与えた仕事の意味を考える」という手法をさらに進化させると、「上司の立場で仕事を捉える」というやり方になります。

あなたが所属する部門には、あなた以外の先輩・同僚がいるはずです。そして、彼らにはそれぞれの役割や目標が与えられているでしょう。このとき、上司の気持ちになって、「この部門をどう運営するだろうか?」とシミュレーションしてみるのです。

視点を上司のレベルに一つ上げると、あなたに与えられている仕事も、別の見え方をしてきます。「私の役割は、部署でこういう意味を持つのか」「私の成果が、部署全体でどの程度のウェイトを占めるのか?」などの気付きが得られるでしょう。すると、仕事への意味づけが深まり、モチベーションは高くなるはずです。

さらに、こうした考え方を磨いておくと、いずれ管理職に昇格した際にスムーズに対応できます。若いうちから「上司ならどうする?」と考えることは、多くのメリットをもたらすのです。

一歩先を行くマネジメント経験を、若いうちから脳内でシミュレーションしておく。

そう考えれば、ワクワクしませんか?

9

あいさつに気持ちを入れれば、コミュニケーションはずっと楽になる

「最近の若い人はコミュニケーションが苦手だ」という見方には、異議を唱えたいと思います。現代の若手社員は、コミュニケーション能力が低いわけではありません。ただ、それを磨く機会が極端に少なかっただけなのです。

特に深刻なのが、世代の離れた人と交流する機会が足りないことです。学生時代に付き合うのは同世代の友人が多く、そのため10歳、20歳以上も年の離れた人に対し、どう振る舞っていいのか分からないのでしょう。これは若い人にとって実に不幸なことです。

あいさつや声がけは、コミュニケーションの糸口という重要な役割を占めます。これが上手にできるようになれば、周囲の人と心を通じ合わせ、人間関係を深めることも可能になります。

そこで若い人たちに取り組んで欲しいのが、年の離れた人々と触れあう機会を増やすことです。たとえば学生なら、アルバイト先の上司や来店客と積極的に会話する。あるいは、積極的に高齢者を支えるボランティア活動やインターンシップなどに参加してみてはいかがでしょう。

社会人になってからも、簡単に取り組める方法があります。それは、**エレベーターに乗ったときに、ボタンを押す役割を買って出ることです。**

残念ながら、最近のエレベーター内のマナーの乱れには驚かされます。これは、若い人に限ったことではありません。誰かに「開くボタン」を押してもらっても、ひと言も発せず乗り降りする人が珍しくありません。「ありがとうございます」「恐れ入ります」といった言葉を使う習慣がないのでしょう。

そこで、あなた自身が意識を変え、ボタンを押す役割を買って出たり、ボタンを押した人に感謝の言葉をかけたりしてみましょう。

内定者研修で「エレベーター体験のススメ」を耳にした学生は、大学キャンパスでチャレンジしてみました。すると、ある日一緒に乗り合わせた教授から、「うちの大学にも、こんなことができる学生がいたのか！」と感心されたと言います。それがきっかけで、キャンパス内で教授から声をかけてもらえるようになったそうです。**心理学によれば、人は接触頻度が高い相手ほど親しみを感じる**そうです。「おはようございます！」「お元気ですか？」といったシンプルなあいさつでも、何度も交わすうちにつながりが深くなるもの。それが、将来の強い人間関係を生み出す第一歩になるのです。

若い人を見ていていると、あいさつに慣れていない人が多いと思います。

私が勤めていた会社の新入社員研修では、各部門のトップなど、たくさんの講師が演壇に立ってレクチャーを行います。このとき、講義の最初と最後に、新入社員が講師に向かって全員であいさつするのが決まりでした。

新入社員研修が始まって2日もすると、新入社員は一糸乱れぬタイミングであいさつをできるようになります。この場面だけを見て、「いまの若い人は、マナーがきちんとできているな」と評価する人もいます。しかし、見た目と実態は違います。講義の場では大きな声であいさつできても、廊下や食堂などで講師とすれ違った際にもきちんとできるようになるまでには、かなりの期間が必要だったからです。

若い人は、マニュアルに沿って行動するのは比較的得意です。ですから、全員であいさつの声を揃えるのは、早い段階でクリアできます。しかし、形はまねができても、あいさつの「心」は、完全には身についていない。だから、思いも寄らぬタイミングで講師に出会っても、声を発することができなかったのでしょう。それでも研修が終わるころには、その「心」が身につき始めました。

世の中には、**美しいあいさつができずに損をしている若い人がたくさんいます。**

せっかく実力があるのに、あいさつができないことで印象が悪くなり、仕事にも悪影響を及ぼしているのです。これは実にもったいないと思いませんか？

あいさつは、すべての基本です。元気よく、礼儀正しくあいさつをする人には、誰もが好印象を抱きます。一方、ダラダラと適当なあいさつをした人には、「やる気がないのかな？」「私のことが嫌いなのだろうか？」「いい加減そうな人だなあ」などと、ネガティブな印象を持ってしまうでしょう。

あいさつは、人間関係の基本。コミュニケーションはあいさつに始まり、あいさつに終わるものだと、心に銘じておきましょう。

基礎力②

学び続けること

学ぶのは学生時代まで——そんなことは絶対にない。
むしろ学ぶのはこれから。社会では学び続ける。
情報はあなたの周りにいっぱいある。
そのことに気づけるかどうかが、大きな差になるよ。

10

変化に対応できるためには、貪欲《どんよく》に学ぶしかない

現代は「変革の時代」です。あらゆることが、以前とは比較にならないほどのスピードで変化し続けています。

変化をもたらす原動力の一つは、IT化です。インターネットが普及し、コンピュータやスマートフォンがごく身近になったことで、世の中は変わりました。当然、仕事の進め方にも大きな影響を及ぼしています。

たとえば、「法人営業」という仕事を見てみましょう。一昔前の法人営業職にとって重要な能力は、顧客の元にパンフレットやカタログを持参し、自社製品を分かりやすく説明する能力でした。

いまは企業サイトを見れば、自社を含めたさまざまな企業の最新情報が比較できます。顧客に自社製品の良さを説明しようとしても、「お宅のホームページで読んだから、その説明は必要ないよ」と言われる時代になったのです。そこで営業職には、顧

客企業の抱える問題を見抜く「洞察力」と、それを解決する「提案力」が重視されるようになりました。

宣伝部門の仕事も変わりました。以前は、企業がアピールしたいことを、テレビ・ラジオ・新聞・雑誌などのマスメディアを使って一方的に伝えるのが一般的なやり方でした。

しかし最近は、ツイッターやフェイスブック、LINEなどのSNSが発達し、企業が消費者と双方向でコミュニケーションを取りながら商品の良さを伝えるやり方が広がっています。むしろ、情報は消費者同士の「横のつながり」で広まるケースが多いのです。まさに「フラット化の時代」です。

他の分野でも同様です。販売、物流、経理・財務、経営企画、人事といった幅広い分野で、仕事のやり方は変わりつつあります。そして、おのおので求められるスキルも、急激に変化しているのです。

グローバル化も、ここ数年で急激に進みました。

何しろ、日本ではものすごいペースで少子高齢化が進んでいます。現在の人口は、1億2730万人程度ですが、2060年には9000万人を割り込むのではないかという予測もあるほど。そのため、国内市場だけに頼らず、積極的に海外進出する企業が増えています。

私が勤めていた会社も、1990年代半ばころの海外売上比率は10パーセント台でしたが、2013年度には、50パーセントを超えるまでに急成長を遂げてきました。今後、海外進出をしたり、外国企業との取引を増やしたりする企業は、さらに拡大していくでしょう。

しかし、日本で成功したビジネススタイルが、海外でそのまま通用するケースはまれです。ほとんどの場合、現地の事情に合わせて、新たなやり方を模索しなければなりません。

激動の時代に生き残るためには、常に学び続けることが必要になっているのです。昔ながらの知識に安住しているようでは、いずれ淘汰されてしまう危険性が大きいと言えるでしょう。

「最も強いものが生き残るのではなく、最も賢いものが生き延びるのでもない。唯一生き残るのは、変化に対応できる者である」

という有名な言葉に、私もとても共感しています。大切な歴史を受け継ぎながらも、古い知識にとらわれない。貪欲に新しい知識を求め続ける。そういう姿勢を貫ける人だけが、変化の激しい時代を乗り越えられるのではないでしょうか。

ですから**社会人になっても、学びは不可欠です。いや、学ぶことの重要性は、学生時代よりずっと増すと言えるでしょう。**

たとえば若い人なら、英語をはじめとする外国語、P／L（損益計算書）やB／S（貸借対照表）を理解できる程度の簿記・会計知識、会議などで生かせるファシリテーションスキルなどを身につけてはいかがでしょうか。そうすれば、仕事における成長や、新たなネットワークをつくるチャンスが得やすくなるはずです。

11

キャリアを高めるには、まず自らの幅を広げなさい

あなたは「T字型人材」という言葉を聞いたことがあるでしょうか?

T字型人材とは、「幅広い分野に対応できる知識・理解力を持ちつつ、特定の専門分野で強い競争力を発揮する人」のことです。Tという文字の横軸を幅広さ、縦軸を専門性になぞらえています。

私が社会人になったころは、総合職といえば「何でもできる人」という位置づけでした。専門性より幅広い経験が求められていました。しかし、これからは幅広い知識に加え、一人ひとりの強みを生かした専門性を併せ持つことが求められます。

T字型人材の価値は極めて高いのです。専門分野では豊富な経験・知識を生かして立派な仕事を成し遂げることが可能。さらに、幅広い知識を役立て、他部署の専門家とも上手にコラボレーションできます。まさに、若い人が目指すべき理想像だと言えるでしょう。

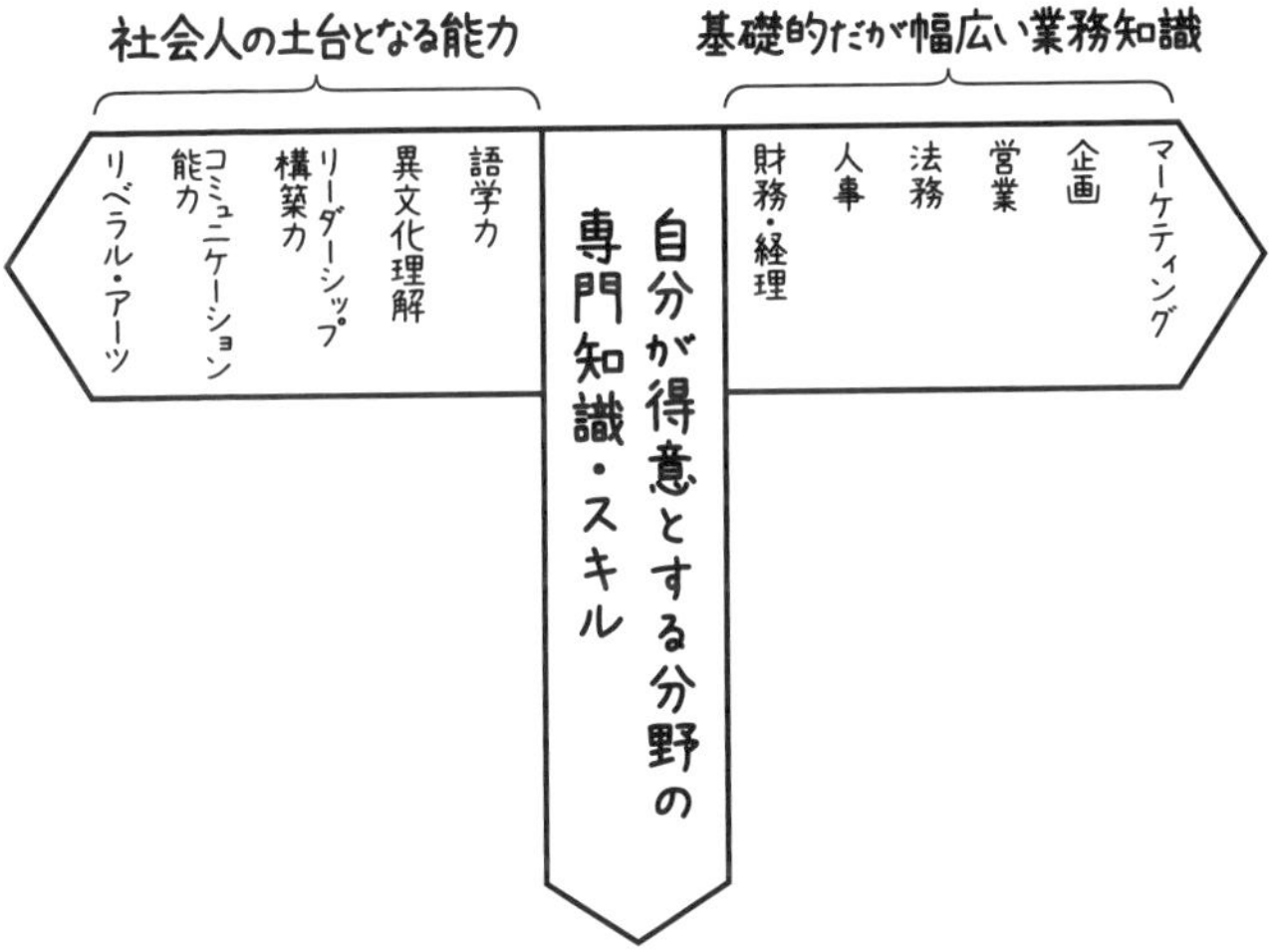

ところで、社会経験の浅い若い人にとって、T字型人材の横軸（幅広さ）と縦軸（専門性）のどちらを先に伸ばすべきでしょうか？

私の考えは、「横軸」です。

この横軸には、２つの意味があると考えています。それは、「会社や組織で多くの部署や仕事を経験して幅を広げること」と「将来、どんな仕事でもできるようにコミュニケーション能力を高めること、課題の解決に向けて常に論理的思考力を高めること、そしてチームワークをより強めるリーダーシップ能力を身につけること」などです。

このような基礎力をしっかりと身につければ、やがて別の仕事を経験する機会が訪れても、そして専門性を磨くときが来ても、対応することができるでしょう。

つまり、与えられた仕事に全力で取り組み、社会人としての基礎力を磨く。そして、いろいろな仕事を経験して自分の強みなどが分かり、生涯をかけてやりたいと思えるような仕事が見つかったら、その分野で専門性を高めることです。

若い人のなかには、入社する前から就きたい仕事を描いている人もいることでしょう。このこと自体は悪いことではありません。しかし、実際に会社に入ってみると、他にも多くの仕事があるとわかります。皆さんが、今までやりたかった仕事とは別の分野の仕事に関心を見いだしたり、自分の強みをさらに発揮できる仕事に出会えたりすることもあるでしょう。

それに、社会人に必要な幅広い知識を身につけてから専門性を磨く方が、効率もいいのです。

どんな業界・企業であっても、たった一人だけで仕事をすることは稀《まれ》です。多くの場合は、社内外の人と協力しながら働くことになります。特に大きな成果を上げようと思ったら、たくさんの人を支え、支えられなければなりません。ところが、自分の担当分野しか分からない人には、他の人と協力しなければならない場面でうまく対応できません。その結果、仕事で大きな成果を上げることが難しくなり、成長の機会も少なくなってしまいます。

ですから、**まずは与えられた仕事を経験し、徐々に自らの幅を広げて「コラボレーション力」や「人脈形成力」を高める方が、長い目で見ると成長につながると言えるでしょう。**

キャリアというものは、砂の山に似ています。

いきなり高く積み上げようとしても、すぐに崩れてうまくいきません。まずは、十分にすそ野を広げ、土台を固めること。そうすれば、最終的には高い山を築き上げることができるのです。

12

焦《あせ》るな！キャリアに「回り道」はない

将来のキャリアプランをしっかりと意識している若い人のなかには、自分の考えていたのと違う部署に配属されると、焦りを感じるケースがよく見られます。

しかし、**「キャリアに回り道なし」と考えた方がいいのです。一見、自分のキャリアには無関係に見える仕事であっても、将来、何らかの形で役立つからです。**

実は、私自身も、同じ気持ちになったことがあります。

私は入社直後から、将来は研修など人材育成の仕事に携わってみたいと考えていました。新入社員として研修を受けたとき、人事部の方々が身を粉にして働く姿に感銘を受けたのです。

ところが、最初の配属先は販売部門の営業職。そして、入社7年目にはマーケティング関連の部署に異動し、商品開発やプロモーションなどを担当していました。その間、何度か異動願いを出したことがあります。しかし、なかなか実現はしません。

念願の人材育成の仕事に就《つ》けたのは、入社から26年も経ったときです。

決して短い期間ではありません。しかしいま振り返ると、それまでさまざまな仕事を経験したことは、決してムダではなかったと断言できます。

もし、他の仕事を経験せずに、知識や見識の幅が狭いまま、いきなり人材育成の仕事に携《たずさ》わっていたら、私はどうなっていたでしょう。多彩な人々と向き合い、それぞれに合ったキャリアプランづくりのお手伝いをする人材開発部門の役割には、十分なパフォーマンスを発揮できなかったかもしれません。

また、人事という仕事で自分が成長できるという確信も持てなかったでしょう。私は長い間、他の部門でいろいろな経験を積み、仕事の醍醐味《だいごみ》を十分に味わえたからこそ、「やはり、人事の仕事にチャレンジしたい」という気持ちが強く持てるようになったと思います。

キャリアに「回り道」などありません。すべての経験が、その後の仕事人生に役立つのです。

たとえば女性の場合、出産・育児休業によって、一定期間、仕事から離れる可能性はあるでしょう。もし、出産前に1～2カ月程度の産前休暇、出産後に1～2年程度の育児休暇を取ると、約2年ほどのブランクができてしまいます。

しかし、これは決して「キャリアが止まった」ということにはなりません。**出産・育児は、むしろ立派なキャリアと捉えられるからです。**

コンビニエンスチェーン大手「ローソン」では、新商品やサービスの改善などを提案する「スマートウーマン推進プロジェクト」を2013年に設立しました。そこには最長3年ある育児休業を経て復職する社員が6カ月～1年ほど所属することになっています。このプロジェクトは、部長を含む全員が女性だそうです。

経験してみないと分からないことは、意外と多いものです。子ども連れで買い物をすると、「もっと通路が広ければ、ベビーカーでもスムーズに通れるのになあ」「この食べ物は、子どもが口にしても安心かしら？」などと感じることがあるでしょう。

こうした視点を得られることは、小さな子どもを持つ女性向けの商品を開発する際に、とても役立つはずです。とりわけ、衣・食・住といった生活に密着した業界では、出産・育児経験は大きな武器にすらなるでしょう。

プランドハプンスタンスという言葉があります。これは長いキャリアのなかで、考えても見なかった仕事に就《つ》いたり、自分に向いていないのではないかと感じる仕事に就いても、常にポジティブに受け入れて進めば、結果としてその人にとってふさわしいキャリアができるということを意味しています。つまり、後で振り返れば、すべての経験が、その人に必要なことなのだという理論です。

この理論の提唱者クランボルツ博士は、**キャリアの80パーセントは、偶然の積み重ねだ**とも言っています。しかし**それは「偶然」ではない**のです。実は、目の前の現実を受け入れていくことなのです。

やりたいことに向かって一直線に進むキャリアを望む気持ちは、よく分かります。その方でも、あえて、回り道を厭《いと》わないキャリアを積み重ねていただきたいのです。その方が、幅広い視点を持てますし、何より、本当に自分に合った仕事を見つけられる可能性が高いからです。大切なのは、どんな場所でも全力で仕事にぶつかれば、さまざまな学びが得られます。そのすべてが、将来、絶対に役立つことでしょう。

13

尊敬できる上司・先輩を、3人持ちなさい

ダイエットをするとき、ただ漫然と取り組んでいては、挫折《ざせつ》の危険性が高くなります。一方、「マラソンのタイムを10分縮めたいから、あと6カ月で5kgウェイトを落とそう」などと目標を立てれば、やる気も、継続するパワーも生まれるものです。社会人として成長しようとするときも、同じことが言えます。具体的な目標を立てる方が、伸びるスピードは大幅にアップします。

私がお勧めしたいのは、目標とすべき先輩・上司を持つことです。その際、次に示すような3人を見つけられるといいでしょう。

1人目の目標——1年上の先輩

1年上の先輩こそが、あなたが目指すべき第一目標です。

1年上の先輩は、あなたより1年余計に経験を積んでいます。現時点では、先輩の方が1年分優れていると言えるでしょう。しかし、先輩が1年間で身につけたスキル・知識を1年後に上回ることができれば、あなたはその分だけ成長が早まったと考えられます。ぜひ、その人の仕事ぶりを垣間見《かいまみ》て、自分に求められることを学び取ってください。

年齢や社会人経験が似通っているため、あなたとの精神的な距離も近いはずです。ですから、アドバイスなども気軽に得られるでしょう。

2人目の目標──3～5年上の先輩・上司

目標の2人目は、3～5年上の先輩です。

この先輩たちは、そろそろ仕事にも慣れ、成長を実感できる人も増えてくる時期と言えます。企業のなかには、若手社員に複数の職場を経験させ、実力を伸ばそうとするケースも多くあります。この「ジョブ・ローテーション」のサイクルは、3～5年程度のことが多いようです。つまり、3〜5年上の先輩や上司は、複数の部署を経験して仕事の幅を広げつつある人が多いと考えられます。世代的にも比較的近く、若い後輩の気持ちを理解してくれる世代であると言えるのです。こうした人を目標にすることで、「一人前のビジネスパーソン」をより具体的にイメージできるでしょう。

3人目の目標——10〜20年上の先輩・上司

最後に取り上げるのが、あなたよりずっとベテランの先輩・上司です。年齢で言えば、30代半ばから40代といったところ。場合によっては50代も含まれます。管理職として部下を指導したり、その道のプロフェッショナルとして大きな成果を上げたりしていることでしょう。

これに該当する人は、あなたにとって「理想のビジネスパーソン」だと言えるでしょう。あるいは、「夢のキャリア」を具体化したような人物かもしれません。先は長いかもしれませんが、いつか乗り越えたいと思えるような目標です。

有名な警句《けいく》に、「困難は分割せよ」というものがあります。大きな夢を持つことは素晴らしいのですが、そこに至るまでの道のりがあまりに遠すぎると、挫折の危険性が大きくなります。それより、短期目標、中期目標、長期目標を定め、目の前の目標をクリアすることに集中する方が、最終的な目標達成の確率を高められるのです。

目標とする先輩・上司とは、あなたの道しるべになってくれる存在です。1年上の先輩は**「短期目標」**、3〜5年上の先輩・上司は**「中期目標」**、10〜20年上の先輩・上司は**「長期目標」**として機能するでしょう。

このことを、**「キャリアのショーケース」**と呼ぶこともあります。あなたにとって、たくさんの「ショーケース」を持てることは、とても大切なことだと思います。「こんな人になりたいなあ」「この人の仕事ぶりには憧れるなあ」と思えるような人が、各年代に1人以上いる会社や職場なら、あなたの成長速度はきっと高まるに違いありません。

14 読書した後にアウトプットする習慣が、仕事の質を変える

社会人にとって、学び続けることは不可欠です。そして、学びの手段として最も役立つのが読書です。

読書の長所はたくさんあります。通勤途中やお昼休みなどのすき間時間を活用できるのは、多忙なビジネスパーソンにとって嬉しいことです。値段も手軽ですし、場所を問わずどこでも読み始められます。そして何より、知識と人脈を広げることができます。

「読書で人脈が広がる」と聞いて、疑問を感じる人もいるでしょう。しかし、これは事実です。

初対面の人と打ち解け、周囲の人とうまく仕事を進めるためには、「雑談力」が重要です。たとえば、音楽に興味はないが、スポーツは大好きだという人がいるとします。いくら自分が音楽好きでも、その人に対して音楽の話題ばかりを話しては、当然

盛り上がることはないでしょう。一方、スポーツの話題を向ければ、きっと相手は強い関心を持ってくれるはずです。

読書を通じて「話題の引き出し」を増やしておけば、いろいろな人と打ち解けるチャンスが増え、あなたにとって大きな財産となるでしょう。

私も社会人になってから、読書の量が増えました。とりわけ人材育成の仕事に携わるようになった2006年以降は、年に90~100冊ほどを読むようにしています。もちろん、ビジネス本や自己啓発書を手にします。

しかし最近は、長編の歴史小説など、仕事に直接関係のない本を積極的に読むように心がけています。ノウハウ本のようにすぐに役立つことは少ないでしょうが、人間としての幅を広げられればという思いです。

特に、グローバルな仕事を目指している人は、日本の歴史や文化に関する本をたくさん読んでほしいですね。海外では、自国文化をぶつけ合ってコミュニケーションを図る機会が、意外と多いものです。そのとき、日本について上手に語れないでいると、人間として信頼されないことだって起こるかもしれません。

読書をしても、読みっぱなしではもったいない。できれば、「アウトプット」を行うようにしてください。

本を読むだけだと、「分かったつもり」で終わってしまうケースがあります。文字を追いかけただけで、本質的に理解できていないのです。

こうしたときに効果的なのが、アウトプットすることです。具体的には、本のあらすじを自分の言葉でまとめ、さらに感想を書いてみるのです。あるいは、誰かに分かりやすく、本の説明をするのもいいでしょう。こうすると、「分かったつもりだったが、実は理解できていなかった」という危険は避けられ、内容をさらに深く理解できます。

私の場合は、あるブックレビューサイトに投稿しています。時には、他の方からコメントをもらい、そのやりとりを通じてさらに本への理解が進むことがあります。また関連する本や、私が興味を持ちそうな本を紹介していただき、そこからさらに世界が広がることも少なくありません。

SNSを活用するのもいいやり方だと思います。たとえばフェイスブックに感想を書き込めば、友人たちからさまざまな反応が得られるでしょう。また、ツイッターなら140文字以内という文字数制限があるため、短い言葉でまとめるスキルが磨けるかもしれません。

若手ビジネスパーソンには、自分の意見がないとよく言われます。それは、必要な情報をインターネットなどで検索するだけで、自分の頭と足を使っていないため、意見を磨く機会が不足しているからではないでしょうか。

将来、リーダーなどになったとき、自分で判断し答えを出す場面に遭遇することが増えるでしょう。そんなとき、**読書で磨いた思考力と、アウトプットを通じて得られた表現力は、必ずものを言う**はずです。

15

資格は「なぜ取るのか？」を、しっかり考えてから取得する

小学校から高校までは、カリキュラムに沿って決められた時間割で学びます。これが大学に進むと、自分で授業を選択するようになります。しかし、一般的には先生の教えることを受動的に学ぶケースが多いでしょう。

これに対し、社会人の学び方は、もっとアクティブです。自分で学びたい分野を決め、自分から積極的に学び取る姿勢が求められます。さらに、自分で情報を集めたり、仲間を探したりすることも必要になるでしょう。

実際に、難関資格を取得してキャリアアップに役立てようとする若い人は少なくありません。その心意気やよし、と歓迎したいですね。

たとえば人事担当者として、給与や社会保険、人事制度の知識を増やしたいと考え、社会保険労務士の資格を取った人もいます。ビジネスの総合力を高めるため、経営学

やマーケティングの修士号を取った人や、人事のプロとして活躍するために、キャリア系の資格を取った人もいます。皆、資格が仕事の幅を広げてくれると考えての行動です。

ところで、就職活動中の人から、「資格を取っておくと有利ですか？」と聞かれることがあります。答えは、「イエスであり、ノーである」です。

専門職として就職を目指す場合、その分野の資格を持っていれば有利でしょう。たとえば、企業のなかには財務・経理分野に絞った採用を行っているところもあります。こうした企業で専門職を目指すなら、会計士や簿記などの資格があると、ライバルに差をつけられると思います。

資格がないと務まらない仕事もあります。看護師や管理栄養士などが代表的でしょう。こういった仕事をしたいのなら、資格取得は必須《ひっす》です。

ただし、一般的な職種を目指す場合、漫然と資格を取ってもまったくアピールになりません。たとえば、商品開発を担当したいと考えている人が、業務と関連性のない資格を持っていても、面接官は気にも留めてくれないでしょう。

しかし、**仕事に役立てるという明確な意識があれば、話は違ってきます。**たとえば過去に、簿記資格を取った理由を面接で次のように自己アピールをした人がいました。

「御社では、若手社員が営業部門に配属されるケースが多いと伺いました。営業職として活躍するには、お得意先の経営データも理解しなければなりません。その仕事のためになると思い、私は就職活動中の合間を利用して簿記2級を取得しました」

このセリフから読み取れるのは、次の3点です。

・志望企業についてかなり研究していること
・企業における営業職の仕事内容と、求められる能力を理解していること
・社会人として活躍したいという強い熱意を持っていること

実に見事なアピール内容だと、感心しました。

資格は、キャリアの可能性を広げてくれるものです。

大切なのは、「何のために資格を取るか」を明確にしてからチャレンジすることです。キャリアの方向性に沿った資格は、あなたを大きくパワーアップしてくれるでしょう。

ょう。また、資格を取る目的がはっきりしていれば、モチベーションが高まり、勉強に挫折してしまう危険性もグッと小さくなるのです。

ただ肩書きが欲しいなどの理由で、資格取得を目指すのはお勧めしません。

入社5年くらいまでは、仕事とリンクしたものに絞り、資格取得することで仕事の成果に結びつくものを優先しましょう。

基礎力③

脳ミソに汗をかくほど考えること

正解のない解答探しの旅が、社会の姿だと言える。
今だからこそ「考えること」に挑戦してほしい。
あらゆる視点で、仮説を立て、徹底的に考え抜くこと、
この経験の数こそが、きっと将来の糧になると信じる。

16 限られた時間のなかでも、粘り強さをみせよう

すでに述べてきたように、現代は「正解のない時代」です。マニュアルや過去の成功体験に頼ることは、もう不可能。脳ミソに汗をかくほど考え抜かなければ、決して正しい方向には進めません。

「もっといい方法はないか？」とギリギリまで粘り強く模索する姿勢。そして、諦《あきら》めない心。それらは、今後のビジネスパーソンにとって、ますます重要な素養になると思います。


これまで多くの学生と面接をしてきました。そのなかには、今でも忘れられないほど印象的な出会いがありました。

その学生は優秀で、人柄も素晴らしい人でした。一次面接、二次面接は、問題なく通過。私は、彼女が入社して実力を存分に発揮してほしいと後押ししたくなるような

気持ちでした。ところが、最終選考の段階で彼女は風邪をひいてしまったのです。最終面接は、役員と人事担当者がズラリと並んだ個人面接でした。その人は明らかに顔色が悪く、頭もうまく回転しないようでした。質問に上手に答えられず、面接官たちの表情は曇りがち。「この学生は、当社と縁がない運命だったのかな……」と私が思い始めていたときです。

彼女は諦めていませんでした。面接官が最後に「あなたは他に、どんな企業を受けていらっしゃいますか?」と質問した瞬間、彼女の表情は変わりました。そして、心の底から叫んだのです。

「私は、どうしてもこの会社に入りたいのです!」

彼女は本気でした。全身全霊を込めて仕事をしたいという思いが、体中から吹き出してくるような感じがしました。彼女の熱い言葉を聞き、面接官らはほんの少しだけ、互いに視線を交わしたのです。彼女が最後のあいさつを済ませて面接室を後にすると、揃ってボールペンを走らせました。皆が書いたのは、もちろん「採用」の二文字。数多い面接のなかで、あんなに鮮やかな逆転劇は、あまり記憶がありません。

彼女の「心からの叫び」をもたらした原動力は、自分が進むべき道や志望動機について考え抜いたことだったと思います。その蓄積がマグマのような熱を持ち、ついに面接の最終局面で口をついて出たのでしょう。だから、私を含めた全面接官は、彼女の言葉に心を打たれたのです。

仕事をしていると、うまくいかないことだってあります。いや、むしろ、うまくいかないことの方が圧倒的に多いかもしれません。

ピンチに立たされたとき、諦めて投げ出してしまうのか、それとも粘り強く頑張るのか。その違いが、その人のキャリアを大きく左右します。私は、最後まで粘り強く、そして決して諦めないことの大切さを、その学生から教えてもらったような気がしました。

入社試験を受ける多くの人は、面接の前に入念な準備を行います。なかには「〜と質問されたら〜と答えよう」など、頭の中で想定問答集をつくっているような人もいます。しかし面接官は、そういった「よそ行きの受け答え」を聞きたいのではありません。素直な気持ち、心の底からの言葉を聞きたいのです。学生の、ありのままの姿を見たいのです。

私は面接で、突拍子もない質問を投げかけたことがあります。たとえば、「あなたがこれまでに経験してきた就職活動を、漢字一文字で表してください」などです。この種の質問には、ほとんどの学生はとてもビックリした顔をし、一瞬、沈黙の時間が流れます。

私たちは何も、学生を混乱させようと思っているわけではありません。心をガードしている鎧《よろい》を取り払い、素直な気持ちをぶつけてほしいのです。事前に準備した「想定問答集」ではなく、学生一人ひとりの最も輝いている表情を見たいのです。

ここで**重要なのは、答えそのものではありません。限られた時間のなかで、前向きに脳ミソに汗をかくほど考えに考え抜いた姿勢を見せられれば、高い評価が得られます。**また、どうしてその答えを導いたのか、簡潔に説明できればなおいいでしょう。

17
関わりある会社の経営理念を、とことん知っておく

学生のなかには、たくさんの企業にエントリーシートを出しているのに、まったく結果が出ずに悩んでいる人がいるかもしれません。でも、世の中にはものすごい確率でエントリーシート選考を突破する人もいます。

その秘訣は、どこにあると思いますか？

多くのエントリーシートのなかで、「伝説のエントリーシート」として心に生き続けているものがあります。その人の志望理由が次のようにまとめられていました。

「私のお祖母様の誕生日に資生堂のコンパクトをプレゼントしたら、大変喜んでくれました。しばらくしてお祖母様が亡くなり、遺品の鏡台を整理していると、空になったコンパクトを発見。裏側には〈○○ちゃんより〉と書かれていたのです。お祖母様

は私からもらった化粧品を、使い切った後も大切に保管していました。そのとき私はコンパクトを通じて、お祖母様と私のつながりを強く感じたのです。そこで自分もこの会社で、誰かと誰かをつなぐ役割を果たしたいと考えています」

この志望動機は、実に素晴らしいですね。

・なぜこの会社を選んだのか
・そして何を成し遂げたいのか

という2点が、ひしひしと伝わってきたからです。この人なら、入社後も活躍してくれるだろうと、エントリーシートを読むだけで確信できるほどの内容でした。

企業サイトに書かれている内容をつなぎ合わせながら、志望動機を作成される人は少なくありません。しかし、それだけでは人事担当者の胸には刺さらないものです。

私たちが知りたいのは、その人だけが持っているオリジナリティ。それを、自分の言葉で語ってもらうのが一番だということを知っておいてください。実はこうした内容こそ、脳ミソに汗をかくほど考え抜かなければ導き出されない回答なのです。

「エントリーシートのエキスパート」とでも呼びたくなるような人もいます。ある若手ビジネスマンは、いくつか応募した企業のなかで、エントリーシートの通過率が95パーセントだったそうです。これは、人事の常識からすれば驚くべき数値です。

その彼に、エントリーシートづくりの秘訣を聞いてみると、キーワードは徹底した「企業研究」と、それを自分の言葉で語ろうとする考える力でした。具体的に言えば、志望企業のウェブサイトや関連書籍を丹念に読み、企業の経営理念やビジョンを徹底的に研究。その上で、自分の体験や考え方と結びつける努力をしたそうです。

たとえば、私が勤めていた会社のミッションは、「多くの人々との出会いを通じて、新しく深みのある価値を発見し、美しい生活文化を創造する」というもの。これに対し、彼は学生時代に、自分なりに考えた「美意識」を通じて人との出会いが得られた経験をまとめ、志望動機としました。それが認められ、内定を得たのです。


現代において、企業の経営環境は厳しさを増しています。そのため、多くの企業では採用人数を絞り込み、少数精鋭主義で採用する傾向にあります。だからこそ、企業は自社の経営理念・ビジョンに共感する人材を求めています。その方が、全従業員がベクトルを合わせやすいために業績アップが期待できますし、何より、社員が楽しく働けるからです。

そこで強調したいのが、**就・転職の際には、志望企業の経営理念は何か、とことん調べ、意味することを考え抜いてほしい**のです。そして、その会社の方針に自分が合っているのかも、徹底的に見極めてください。

そうすれば、面接を通過する確率は飛躍的に高まるでしょう。そして何より、入社後に「この会社、実は私と合ってなかったなあ……」と後悔することもなくなります。

若いころの時間は、とても大切なものです。就・転職で失敗して貴重な時間を失わないためにも、志望企業について脳ミソに汗をかくほど考え抜いてください。


訪問企業の経営理念を徹底的に研究するのは、優れた営業職も同じです。

彼らのなかには、自分が売り込もうとしている商品と、営業先企業のビジョンとのマッチングポイントを探すため、念入りな準備をする人がいます。その視点から、営業活動を進めると、アプローチがスムーズになり、思いがけなく、大きな結果を生むそうです。もちろん、営業の仕事ではなくても、社員として常に自社の経営理念を意識しておくことはとても大切なことです。

18

自分を支える「原点」を持とう

「原点」とは、自分の基準・出発点となる場所のことです。これをしっかり持つことが、若手ビジネスパーソンにとってはとても大切になります。

若い人にとって、入社から3年目くらいまでは、苦しく辛い場面の方が多いものです。仕事を覚えることで精一杯で、自分からビジネスをプランニングしたり、マネジメントする余裕はほとんどないでしょう。ミスもたくさんするはずです。仕事を楽しめる境地には、なかなか達することができないものです。

時には自分の非力さに絶望したり、ミスをして落ち込んだりすることが多々あるでしょう。会社を辞めようと思い詰めることだって、あるかもしれません。

迷うこともあるでしょう。自分には何ができるのか。何に向いているのか分からなくなる経験は、ほとんどの若い人にとって覚えがあるのではないでしょうか。

そんなときに支えになってくれるのが、あなたの「原点」となる体験です。

社員研修には、「ヒーローインタビュー」と呼ばれるプログラムが取り入れられているケースがあります。これは、自分がワクワクしたこと、手応えを感じた瞬間について、インタビュー形式で語ってもらうものです。プロ野球やJリーグの試合終了後、大活躍した選手にインタビューをしますね。それと同じで、自分が一番輝いた瞬間を振り返ってもらおうというものです。

「ヒーローになった瞬間」は人によってさまざまです。たとえば採用選考の際に聞いてみると、学生時代に運動部で活躍し、チーム一丸となって勝利した経験を語る人。アルバイトで接客を経験して、お客さまから「ありがとう」と言われた瞬間が一番嬉しかったと話す人。留学先の大学寮で、他国から来た学生と朝まで熱い議論を戦わせた経験を挙げる人――などいろいろです。

「この瞬間が一番楽しかった」と語るときは、誰もがキラキラしています。話を聞いている側も、思わず嬉しくなってしまうほどです。

どんな人にも、このような大きな充実感を覚えた瞬間が必ずあります。それが、あなたの原点です。そこで、そうした瞬間がなぜ訪れたのか、徹底的に考えてほしいのです。その答えこそがあなたのコアコンピタンス（行動特性）になるのですから……。

たとえば、チーム全員で成果を収めた瞬間が一番楽しかったと感じている人は、上司や同僚と協力し合いながら仕事をすることに喜びを見いだせるでしょう。顧客から感謝されたことを挙げた人は、人を喜ばせる仕事に向いているはずです。国籍の異なる人との交流を挙げた人は、グローバルな仕事で活躍できると思います。

このように立ち戻れる地点を持っておくことは、非常に重要です。あなたがいつか迷ったとき、それは必ず役立つはずですから。

入社式もまた、あなたの原点になり得るでしょう。

私は、入社式でいつもこんな話をしていました。

「皆さんは、今日、社会人として船出をします。順風満帆な時期もあるでしょうし、暴風雨にさらされる時期もあるでしょう。もし、嵐に遭って船が前に進まなくなったときは、ぜひ、この日のことを思い出してください。この4月1日を、あなたの原点にしてほしいのです」

ほとんどの人は、心を躍らせながら入社式に臨んでいるはずです。第一志望の企業に入れた人はもちろんそうでしょうし、第一志望ではなかった企業であっても、社会人としてスタートできたことを大切にしてほしいと思います。

入社式では、「これから会社に入って、こんなふうに働いてみたい」「これから自分の可能性を、できるだけ伸ばしたい」といった希望を胸に抱いていたはずです。

もし、壁にぶつかって悩み苦しんでしまったら、入社式のワクワクした気持ちを思い出してみてください。不思議と悩みから解放されます。調査した結果、この方法は、特に入社3年未満の人に効果があることがわかりました。

19

「PDCAサイクル」を回して、自信をつける

脳ミソに汗をかくほど考え抜くことは、簡単なことではありません。実行するためには、いくつかの前提条件が必要になります。

その一つは、「自信」です。

仕事について考えているとき、「今のやり方は間違っていないだろうか?」「最後は失敗してしまうのではないか」と疑心暗鬼に陥ってしまうことがあります。このとき、自分は最後までやり通せるという自信があれば、最後までやり抜くことができるでしょう。ところが、自信に欠けている人は不安感を振り払うことができず、前に進めなくなってしまうのです。

自信の源になるのは、成功体験です。手応えのある仕事をたくさん経験した人ほど、己を信じることができます。ところが、経験の浅い若い人にとって、成功体験はごく少ないはずです。

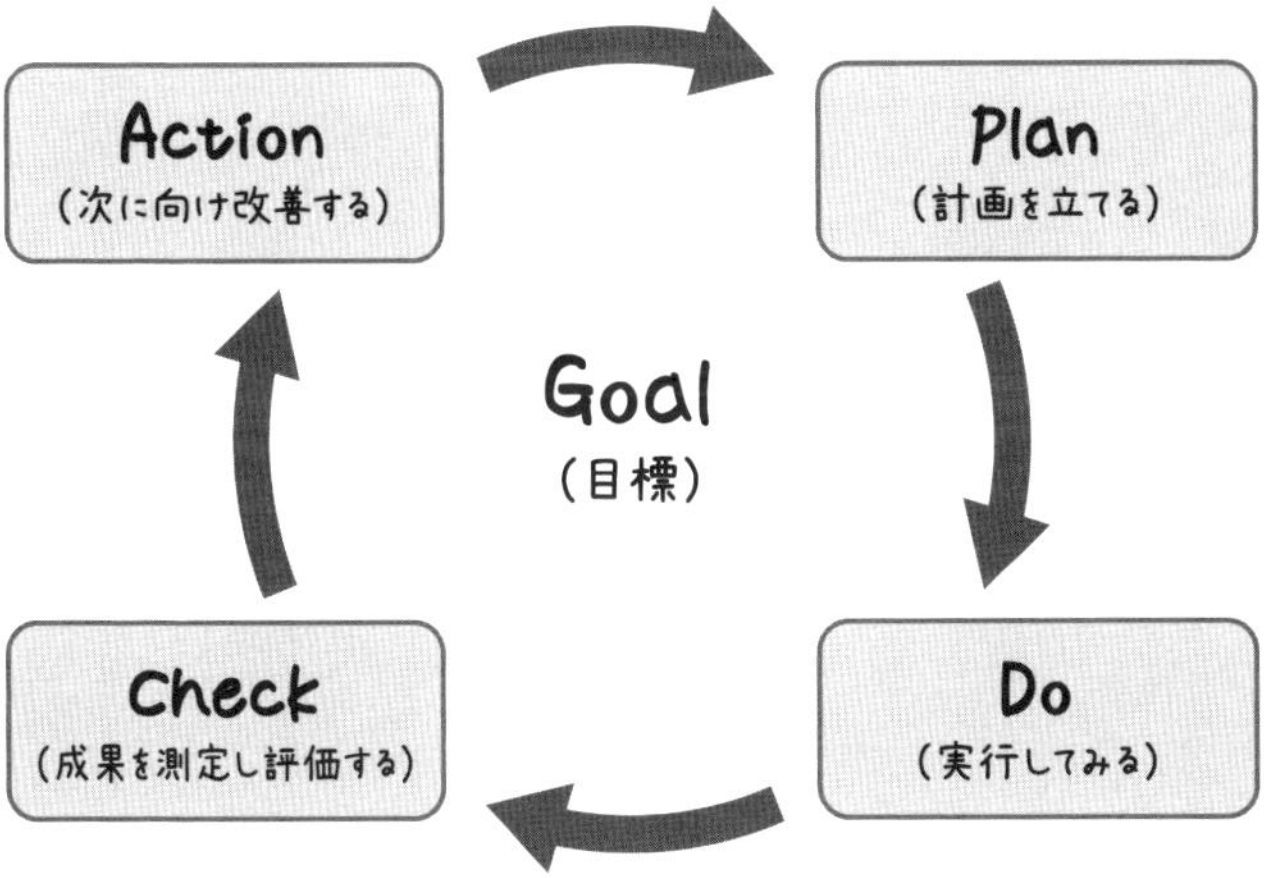

そこで重要になるのが、小さくてもいいから、いま与えられている仕事を通じて成功体験を積むことです。そのカギを握るのが「ＰＤＣＡサイクル」です。

ＰＤＣＡサイクルとは、上図のように４つの段階を踏んで業務遂行・改善する手順を指します。この考え方を研修などで耳にしたことのある人は、多いと思います。

ＰＤＣＡと聞くと、なにやら難しそうに聞こえるかもしれません。しかし、中身は意外とシンプルです。達成したい目標（ゴール）をきちんと決め、「計画を立てる」→「実行する」→「成果を確認する」→「必要に応じて改善を加える」

という4段階で仕事を進め、さらに次のサイクルへとつなげていけばいいのです。普段の仕事で、このことを意識せずとも取り組めている人もいるでしょう。

先日、入社2年目の若手営業職とお話しする機会がありました。彼女に、この2年間で一番嬉しかったことを聞くと、「新製品の試飲会で、お客さまに上手にサンプルを受け取ってもらい、さらに購入にまでつながったこと」だと話していました。

最初は、お客さまにサンプルを手渡すタイミングがつかめず、戸惑ったそうです。そこで彼女は、近くでスムーズに仕事を進めている先輩を観察してみると、その先輩はお客さまにひと声かけてから、サンプルを渡していたのです。そこで彼女は、「お客さまに声をかけ、立ち止まってもらってからサンプルを手渡す」というプランを立て、実行してみました。すると、受け取ってくれる確率は格段に高まりました。

彼女はさらに試行錯誤を重ねました。いきなり商品の話題を持ち出すより、雑談から入る方が効果的だと気づいたのです。そして、話しかけ方をさらに修正したところ、さらに手に取ってもらえる確率は高くなったそうです。

彼女の行ったことは、まさにＰＤＣＡサイクルの実行です。最初に計画を立て、実行し、結果を基にさらにやり方を改善する。こうした一連のサイクルを回したことで、「私にもお客さまへのお声がけができるのだ！」という自信が持てるようになったそうです。

サンプルをお客さまに手渡すことは、一見、小さな仕事に見えるかもしれません。でも、最初はそれでいいのです。小さな成功体験を一つ経験できると、それは次のチャレンジにつながります。そして、そこでもう一つ小さな成功体験を積めば、いずれは確固たる自信が身につきます。

重要なのは、ＰＤＣＡサイクルの流れを何となくこなすのではなく、きちんと意識することです。 目指すべきゴールを明確に定め、計画を立て、行動する。そして結果を見ながら行動を改善するという流れを、頭の中でしっかり自覚してください。

その際にとくに考えてほしいことは、「仮説」を立てることです。つまり常に問題意識を持ち、さらにその仮説を確認するために現場に出向く。そして、検証してみること。このようにして、考え抜くことに挑戦してみましょう。

最初に目指すべきゴールは、身近なもので構いません。いや、むしろ、身近なゴールこそを目指しましょう。 それが、あなたの基礎力の養成につながります。

20 体調管理ができない人は、仕事もできない人と思われる

脳ミソに汗をかくほど考えるための前提条件には、もう一つあります。それは「体力」です。

人間を自動車にたとえると、脳はエンジンのようなものでしょう。一方、肉体は、エンジンにガソリンを供給する装置に似ています。どんなに優れたエンジンを積んでいても、そこにガソリンを供給できなければ車はまともに走れません。それと同様で、どんなに脳を鍛えても、体力が落ちていたら人はきちんと働けないものです。ですから、**社会人にとって体調を整えることは、「自育力」の大事な一要素**と言えます。

私が人材育成の仕事を始めてから、ちょうど1年経ったころのことです。新入社員だった203人の若者たちが、入社2年目の「フォロー研修」を受けるため、研修所に再集結しました。

彼らはすでに各地の事業所に配属され、活躍し始めているころでした。

ただし、心配な点が一つだけありました。それは、彼ら、彼女らの生活環境です。新入社員は一般的には、全国津々浦々にある事業所で、営業担当としてキャリアをスタートします。現場でお客さまと直接触れあうことが、最大の成長機会をもたらすと考えているからです。

慣れない土地で人生初の一人暮らしを始める社員も多く、若い人にとっては相当に厳しい状況でしょう。しかも、新入社員は日々、新しい知識の吸収に追われています。

各事業所に配属された営業職が最初に覚える「スキル」は、営業車の中でランチをスピーディーに済ませることだと、冗談で言われていました。営業職は、とにかく多忙。たくさんのお得意先を車で訪問しなければならないため、ゆっくり食事を取る余裕がないこともあります。そこで、営業車の中でパパッとおにぎりなどを食べる、きわめてスピーディーなランチスタイルが身についてしまうのです。

何人かの社員と話をしてみると、昼も夜もコンビニで買ったお弁当やパンを食べているという人も少なくありません。そこで私は、急遽《きゅうきょ》、研修の内容を変更しました。食生活の重要性を産業医の先生に解説していただいたのです。さらに、関連会社の資生堂パーラーから、カレーとスープのレトルト食品セットを調達。そして、研修の「事後課題」として渡し、参加者全員の若手に食生活を改善するよう命じたのです。事後課題にレトルト食品を渡したのは、後にも先にもこのときだけでした。

どんなに優秀な人でも、体調が完全でなければ、十分な力は出せません。皆さんも、学生時代に風邪をひいて頭がボーッとしているときに試験を受けたり、社会人になってから体調不良時に企画書を作成したりしたような経験があると思いますが、決して満足のいく出来にはならなかったでしょう。

特に深刻なのが、「この仕事をやり切ろう！」というエネルギーが失われてしまうことです。ビジネスには、最終局面で大逆転するケースが意外と少なくありません。しかし体調が悪ければ、土壇場で踏ん張り大逆転を狙う胆力が湧いてこないのです。短い期間であれば、無理も利くでしょう。しかし、栄養の偏った食事を長い間続けていると、必ずどこかに影響が出てきます。すると、キャリアを磨くどころではなくなってしまうでしょう。

きちんとした食生活を送ることは、若い人にとって、重要な仕事の一つです。会社員は、労働の対価として給与を得ています。体調を整え、仕事においてできる限り高いパフォーマンスを発揮することは、プロフェッショナルな仕事人としては当然のことです。

福澤諭吉は、「先《ま》ず獣身を成して、而《しこう》して後に、人心を養う」という言葉を残しています。これは、人として成長するためには、健康な身体が必要だという意味です。福澤先生ご自身も、健康維持のため、居合い、米つき、早朝の散歩を欠かさなかったと伝えられています。

あなたも、ぜひ体調維持に気を配ってください。体力は、脳ミソに汗をかくほど頑張るための基本です。そして、キャリアを積み重ねる土台となるのですから……。

基礎力④

主体的に動くこと

人の行動は、常に「選択」の連続である。
であれば、主体的に考え、自らの意思を持って動こう。
しかも徹底的にポジティブな発想で見つめよう。
気がついたとき、そこには大きな差がつく。

21

「出る杭」が、求められる時代に変わった

若い人のなかには、他の人と同じだと安心する傾向があります。しかし、今の世の中で他人と「横並び」であることは、むしろ危険なのだと知っておきましょう。

採用の仕事では、毎年、たくさんの学生とお会いします。その人たちのファッションなどを拝見していると、とても画一的です。スーツは黒か紺の無地がほとんど。髪形やネクタイなども、むしろ個性を抑えているのかなと感じます。ただし、いまの企業側の採用方式であればやむを得ませんが……。

近ごろは、「就職活動の鉄板スタイル」と呼べるバッグの形があるそうです。床やテーブルに置いたとき、倒れずに自立するバッグでないと採用されないという噂があると聞いたときは、さすがに驚きました。

おそらく、人と違う格好をすると目立ってしまい、かえってマイナスの印象を与え

てしまうのではないかと不安を持たれているのでしょう。その気持ちは、理解できないわけではありません。しかし、これは誤った理解です。企業側からすれば、同じ形の黒いバッグが面接会場にズラリと並んでいるのは、むしろ滑稽《こっけい》に感じます。自立が求められているのは、バッグではなくて本人なのです。

もちろん、仕事を進める上で協調性は大切にしなければなりません。ビジネスは、上司や同僚、協力企業やお得意先など、多くの人と協力しながら進める必要があるからです。特に、プロジェクトの規模が大きくなればなるほど、関わる人の数は等比級数的に増えます。

ただ、協調性があることと、画一的であることとは異なります。**若い人には、むしろ個性的であってほしい**のです。だから、皆と同じスーツやバッグを持ち、それで安心している人々を見ると、少し不安な気持ちを抱いてしまいます。

似たようなことは、採用プロセスで行うグループ・ディスカッション（ＧＤ）でも起こっています。

ＧＤでは、リーダー役や補佐役、議論を活性化する役などの役割分担が自然になされ、話し合いが進んでいくのが普通です。このとき、自らリーダーを買って出る人が少ないのです。また、議論終了後にその内容を発表する場面でも、発表役を譲り合って決まらないことがあります。

きっとほとんどの人は、周りに気を使うがあまり、一歩踏み出すのを恐れているのでしょう。しかし、横並びの精神が高く評価されることはありません。**皆さんには、もっと自分の意見を述べてほしい**のです。

昔は、同じような人材をたくさん採用していた企業もありました。高度成長期などは、マニュアルに沿って業務を進めていけば、きちんと成果が上がっていたのです。ところが、そうした時代はすでに過去のこと。現在は、決められた手順通りに仕事を進めても、必ずしも成果が得られないことが多く起こります。何度も書いてきたように、「正解を見つけにくい時代」を迎えているのです。

こうした状況のため、他の人と同じ発想・行動しかできない人には価値がなくなりつつあります。いま求められているのは、すでに社内にいる人々とは別の角度から、物事を考えられる人です。

以前の日本では、「出る杭は打たれる」という風潮が蔓延《まんえん》していました。ところが、潮目は変わりつつあります。多くの企業は、「出る杭」こそ求めていると感じます。

私の勤めていた会社で、「突破力」を強みとしていた女性社員がいました。彼女の仕事の進め方に対し、抵抗を示す同僚が存在していたことも事実です。時には、「少し強引ではないか」「もう少し周りの意見を聞いた方がよいのではないか」などの声がありました。しかし、彼女は、決して自分の軸をぶれさせることなく、いつも前へ進んでいました。その結果、彼女は大きな成果をいくつも上げたのです。

その社員は、**「長期的な視点を持つこと」「意義は何なのか」という本質的な観点を持つことを大事にしていました。また、一度決めたことは、最後までやりきる力強さも持っていました。**こうした軸がぶれなければ、必ず結果がついてきます。「出る杭」は会社に大きな成果をもたらす貴重な社員となるのです。

もし、皆と横並びでいることが「協調性」だと考えているなら、その発想は今すぐ変えましょう。**意識して人と違う発想で考え、人と違う行動をすることを恐れない姿勢が、現在のビジネスパーソンには強く求められているのです。**

22

失敗を恐れず、「60パーセント主義」で進め

失敗を恐れる気持ちは、多くの人間が持っています。しかし、若い人にはぜひ失敗経験をしてほしい。人は成功より失敗したときの方が、多くのことを学べるからです。まさに、「失敗バンザイ！」です。

資生堂の前社長・前田新造氏は、「60パーセント主義」という考え方を提唱しています。

現在は、ものすごいスピードで経営環境が変わります。**100パーセント成功が見込めるところまで完璧《かんぺき》な準備を求めると、周りの状況が変わって絶好のタイミングを逸してしまう危険性が高い**のです。そこで、60パーセントの成功が見込めると判断したら、思い切ってチャレンジすべしという考え方です。

若い人は、この「60パーセント主義」で前に進んでほしいと思っています。

若い人の中には、失敗を怖がりすぎる人もいるように感じます。特に、真面目《きじめ》で学生時代に優等生だった人は、ミスを極端に恐れます。子どものころ、周囲の大人から叱られた経験が減っていることが、要因の一つかもしれません。

もちろん、人間ですから、失敗をしたくない気持ちはよく分かります。また、ある程度のベテランになり、多くの部下を管理する立場になった人が失敗を繰り返したのであれば、組織にとっても困った状況になるでしょう。

しかし、若者にはある程度の失敗が許されます。

とりわけ、「新入社員」という肩書きは、ある意味、最強だと言えるでしょう。場面によっては、「社長」よりパワーがあるのかもしれません。何しろ、「勉強不足で、申し訳ございません。いい勉強になりました」と頭を下げれば、多少の失敗でも大目に見てもらえます。逆に、しっかりと仕事に取り組んでいる姿勢を見せれば、「新入社員としては、大したものだ」と褒めてもらえる存在なのです。

私自身も多くの失敗をしました。それらを経て感じることは、経験から学び取ることの重要性です。

もちろん、研修や自己啓発などによって理論や考え方を学ぶことは大切でしょう。しかし、それらを実際の仕事で試さなければ、ただの「机上の空論」で終わってしまいます。**頭の中で「できるかできないか」と考えるのではなく、ビジネスの現場で「やるかやらないか」を選択すること。**そして、そこで痛みを感じながら学ぶことが何より貴重なのです。

スキーの教科書を何冊読んでも、上達は望めません。うまく滑れるようになりたいなら、ゲレンデに出て、何度も転びながらトライしなければならないのです。若者には、どんどんチャレンジしてほしい。そして、そこから学んでもらいたい。

賢者は歴史に学ぶという名言はありますが、若い人はまず経験を積み、経験から学んでほしいと思います。

失敗を許さない社風の企業には、大きな問題があると言えます。若手は、積極的に挑戦した分だけ成長できるもの。ですから、失敗をした人を激しく責めて萎縮《いしゅく》させたり、一度の失敗で仕事を取り上げたりする職場では、若手は成長しづらいのです。

逆に言えば、**失敗がないということは、積極的な行動が少ないということで、これは「不作為の罪」**とも言えます。

人を大事にする企業は、チャレンジをして失敗した社員を簡単に切り捨てたりはしません。もちろん、必要な努力を怠って失敗した場合は、責められても仕方がないでしょう。しかし、全力を尽くして頑張り抜いた末に結果が伴わなかった人には、必ず次のチャンスを与えてくれるのです。

あのイチロー選手でさえ、ヒットを打てる確率は3割強です。逆に言えば、7割程度は凡退しているわけです。三振や凡退を恐れる必要はありません。むしろ、失敗を恐れて行動しないことこそが、あなたにとっても、そして企業にとっても最大のリスクだと言えるでしょう。

ぜひ、失敗を恐れず、前に踏み出す勇気を持ってください。それこそが、あなたの主体性、そしてビジネスに対するすべての力を鍛えてくれます。

23
情報を集めるには、自らの足で動くクセをつけよう

先ほど私は、最近の若い人は失敗を怖がって行動しない傾向があると書きました。その原因の一つは、メディアなどから与えられた情報に踊らされているからかもしれません。

私たちの若いころはメディアがそれほど発達していなかったため、得られる情報が限られていました。そのため、失敗することも多かったと思います。

たとえば、見知らぬ土地を旅するときは、事前の情報がほとんどないままで現地を訪れました。時には迷子になったり、遠回りの道を選んでしまったものです。

ところが現在は、必要な情報がすぐ手に入ります。スマートフォンで地図アプリを開けば、目的地までの経路が表示されます。美味《おい》しいと評判の料理店も、簡単に見つけることができるでしょう。その結果、旅先で思うようにいかなかった経験は、以前

よりずっと減っているわけです。もっとも折角たどり着いたお店が、期待外れだったことはありますが……。

こうした世の中は、もちろん便利です。しかし、新しい事柄と偶然出会えるチャンスが、かなり小さくなっているのも事実です。旅先で寄り道した際に、思いも寄らなかった建物を見つけて驚いたり、ガイドブックにも載っていない料理店を見つけて大喜びしたりすることは減ったのではないでしょうか。


そうした便利な世の中を象徴するのが、インターネット書店です。

インターネット書店で買い物をしていると、さまざまな書籍を「レコメンド」されます。あなたが興味を持ちそうな書籍を、通販サイトが推薦してくるのです。私もインターネット書店で買い物をすることがありますが、確かに面白そうな本を提案してくれます。

ただ、レコメンドされた本ばかりを読んでいると、関心の幅はなかなか広がりません。なにしろ、リストアップされるのは、私が「現時点で」興味を持っている本だけ。「将来」興味を持ちそうな本は、ほとんど提案されないからです。そのままでは、「T

字型人材」としての横軸を広げることはできないでしょう。

そこで皆さんにご提案したいのが、**「普段あまり行かない書店で、目に止まった書籍を購入すること」**です。普段は足を運ばないような街を訪れ、目についた書店に入りましょう。そして、あまり関心のないコーナーも、ぐるぐると回ってみるのです。私の場合は、ビジネス本、自己啓発本、就活・教育関連本、歴史小説などを読むことが多いのですが、時にはＩＴ系、スポーツ系、美術系などの本棚も見るようにしています。

タイトルや表紙をながめ、もしピンときた本が見つかったら、迷わずに手に取りましょう。そして、できれば購入してみましょう。

自宅で本を開いてみると、時には期待した内容とは大違いだったというケースもあるでしょう。しかし、それでいいのです。こうした形で買った本は、１０冊のうち３冊でも、自分にとっての「当たり」があれば十分。あるいは、１冊の中で心に残る文章が一つあるだけでも大きな気付きを与えてくれたり、その後の仕事への取り組み方を示唆してくれることもあります。その本には、レコメンドされた本とは異なり、あなたの新しい可能性を広げてくれる可能性が潜んでいるのです。

一方、信頼できる人を見つけ、その人が紹介する本を読んでみるのもいい方法でしょう。

私が本のレビューを公開していることは、すでに述べた通りです。他にも、読書記録や感想文を公開している人はたくさんいます。尊敬する上司や、憧れの著名人などのレビューを読めば、あなたの読書に心強い指針ができるのではないでしょうか。

たとえば、「ＩＴ系の書籍に強い人」「最新ビジネス本を紹介する人」「専門分野を分かりやすく説明する本を紹介する人」といった複数のレビュアーを押さえておき、彼らの紹介する本のなかから関心の持てる本を読んでいけば、知識の幅は一気に拡大できるでしょう。

若いうちは特に、複数のアンテナを幅広く張っておくといいでしょう。そのためには、**レコメンドされる情報を待ちの姿勢で受け取るだけではダメ。自分の足で動き、新しい情報を積極的に取り入れるよう心がけてください。**

24
新入社員でも、リーダーシップは発揮できる

「新入社員は、上司や先輩に黙ってついていけばいい」という考え方は、ホコリがたつほど古い考え方です。

以前の日本型組織は、典型的なピラミッド型だったと言えるでしょう。経営陣が中間管理職に指示を与え、中間管理職が一般社員を指揮するという「上意下達スタイル」が当たり前でした。ところが、現在ではこうした仕組みは過去のものになりつつあります。背景にあるのが、ビジネスの流動化・スピード化です。

このところよく使われる言葉に、「コンシューマー・インサイト」というものがあります。これは、簡単に言えば「**ユーザーが秘めている本音**」。すでに表面化している「ニーズ」とは異なり、消費者の奥底に潜んでいるものです。モノが潤沢に溢れている現代では、消費者のインサイトを掘り起こし、商品・サービス開発に結びつける

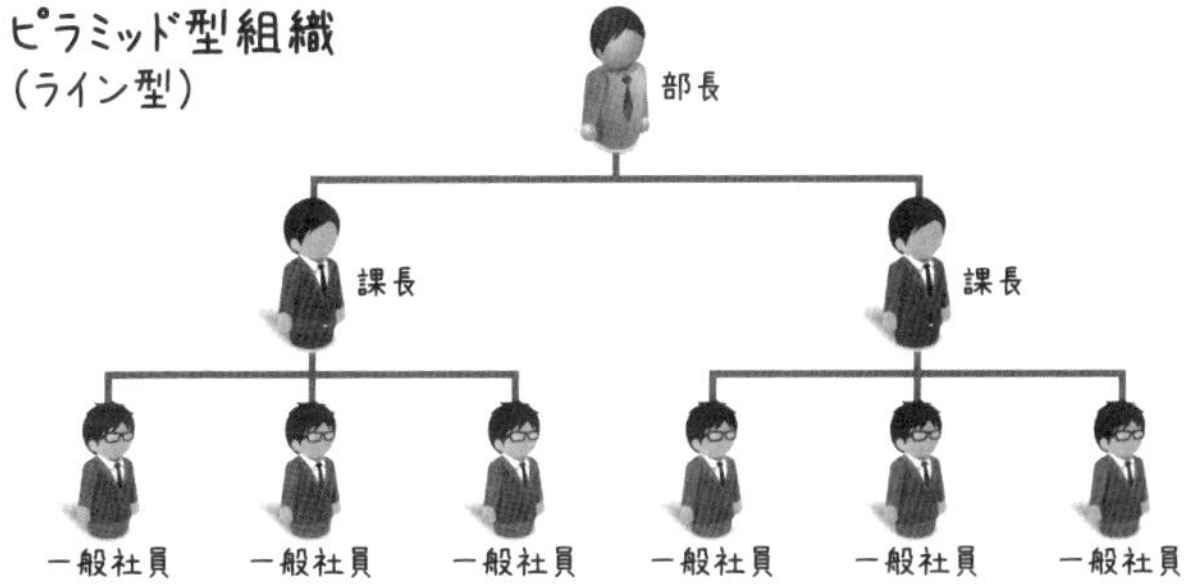

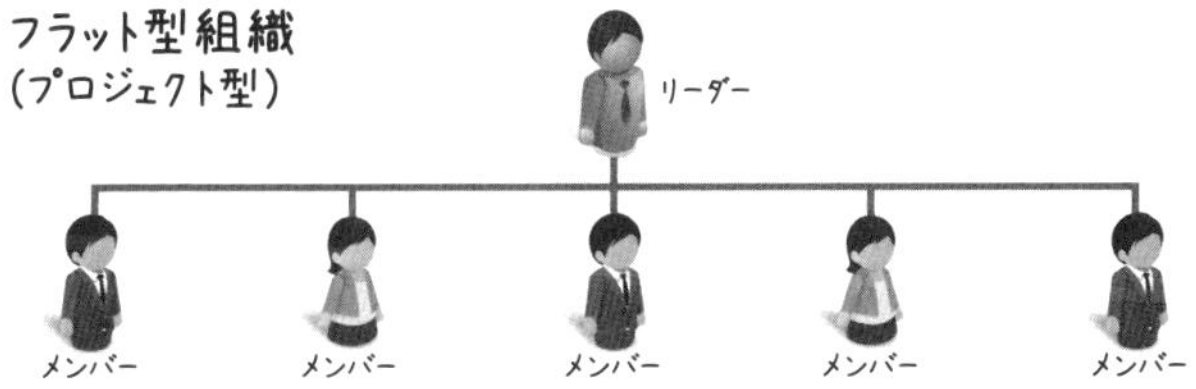

必要があります。
インサイトの中身を最もよく知っているのは、本社部門ではなく、現場でユーザーと直接触れあっている社員たちです。だから、「下から上へ」「現場から本社へ」という流れで情報が流れたり、提案が行われたりしなければ、よい商品・サービスをつくることはできません。
そのため、昔ながらのピラミッド型組織では対応しづらくなっているのです。
ビジネスのスピードも、格段に速くなりました。代表的なのが、ファッション業界でしょうか。以前は、

「春・夏物」「秋・冬物」といった季節単位で、商品開発をするのが普通でした。

ところがユニクロなどのファストファッションが一般化したことで、製品サイクルは一挙に短くなっています。そのため、流行や消費者のニーズをつかんだら、一気に企画・製造・販売を行い、素早く店頭に並べる必要性が増しているのです。

この種のビジネスを展開するには、素早く判断し、素早く動く「機動力」が不可欠です。ところが、ピラミッド型組織にはスピード感が欠けてしまいがち。上司や経営層の許可を待っているうちに、時間はどんどん過ぎてしまうからです。


その欠点を埋めようとしているのが、「フラット型組織」です。

ポジションを超えて一緒に進めていくプロジェクトチームやクロスファンクショナルチームなどがこれに当たります。つまり、階層をできるだけ少なくし、リーダーが直接メンバーと向かい合うタイプの組織です。若者の中にも、フラット型組織で働いている人は多いのではないでしょうか。

こうした組織では、若手にも大きなリーダーシップが求められます。若手の斬新《ざんしん》な発想や、消費者との触れ合いを通じて得たアイデアなどに期待が集まっています。

若い人の中には、リーダーシップを「上司が部下を引っ張ること」だと考えている人が少なくありません。しかし、これは大きな誤解です。最近ではリーダーシップを、「組織に宿《やど》るもの」とする考え方も広まっています。もちろん、その組織のリーダーである管理職がチームを引っ張ることは当然です。

しかし、**課題によっては、組織の中で最も若い人がリーダーシップを発揮し、チーム全体を率いる方が適切なケースもあります。**その場合は、管理職であっても若手をフォローする側に回る必要があるのです。

若手を含めた全メンバーが、時にはリーダーシップを発揮できる。必要であれば、上司やベテラン社員もフォローする側に回る。リーダーシップとフォロワーシップを組織全員が理解し役割を果たすことができる——そんな組織こそが、「真のリーダーシップを発揮できる組織」だと言えます。

大事なことは、チーム、組織として成果を上げること。自分が上に立たなくても、組織をリードし、主体的に貢献することは十分に可能であることを、ぜひ知っておきましょう。

25

何かの分野でオンリーワンかナンバーワンを目指せ

これからの時代、若手の皆さんには、「ナンバーワン」か「オンリーワン」を意識し、そして目指してほしいのです。

もし、仕事でナンバーワンになれれば、これ以上のことはありません。営業成績が同期中トップ、法人税の知識なら経理部門でナンバーワン、広報リリースをつくったら誰にも負けないなど、業務のなかで突出した実力を示せたら、それはとても素晴らしいことです。

もちろん、経験の浅い若い人にとって、仕事で抜きん出た存在になるのは時間がかかるでしょう。短期間で、同期や先輩に負けない実力を磨くのは大変です。でも、ごく狭い範囲の仕事であれば、比較的短い期間で深い知識を身につけることができます。そして、そこから徐々に得意分野の幅を広げていけばいいのです。

仕事以外の切り口で、ナンバーワンを目指す方法もあります。

たとえば、「笑顔の輝きならナンバーワン」「雑用を進んでこなすナンバーワン」「グルメなお店の情報を持っているナンバーワン」などです。これらは順位付けをするのが難しいので、ナンバーワンというよりオンリーワンと呼ぶべきでしょうか。

とにかく、自分のできること、得意なことからスタートし、この分野なら誰にも負けないと胸を張れる事柄を増やしていきましょう。それが、たとえ仕事に関係がなくても、周囲に素晴らしい印象を与えられますよ。

ナンバーワンやオンリーワンな人材になることには、2つのメリットがあります。

1つは、周囲に強いインパクトを与えられることです。飛び抜けた実力や、誰とも似ていない個性を持っている人は、「ああ、新人で営業1位になった○○くんだね」「君が笑顔で評判の○○さんか。噂を聞いたことがあるよ」と、周りに認識してもらえます。

こうして覚えてもらうことは、若い人にとって非常に大きな財産なのです。人脈も広がりやすくなるし、仕事もしやすくなるでしょう。

もう1つのメリットは、自信が持てるようになるということです。若手のうちは、実力不足を感じたり失敗したりして、落ち込むことがあるはず。こうしたとき、「この分野なら私がナンバーワンだ」と信じられるものがあれば、そこを原点にして再び立ち上がることができます。そして、前に進むエネルギーが湧いてくるのです。

どんな分野であれ、ナンバーワンへの道のりは決して短くありません。「笑顔の輝きナンバーワン」を目指すなら、体調が悪かったり寝不足だったりしたときにも、心からの笑顔をしなければならないでしょう。仕事でナンバーワンを目指すなら、日々、新しい知識を貪欲に学んでいく必要があります。

これは、厳しい反面、あなたを成長させる絶好のチャンスとも言えます。ただ漫然と努力するより、「ナンバーワン」という目標を持って努力する方が、ずっとモチベーションが高まるからです。

まずは、自分の得意な分野でトップを目指す。そんな気概は、心のどこかで持ち続けたいものです。そうすれば、やがて中堅社員、そしてリーダーになったときにスケールの大きな仕事を任されることになるでしょう。

ビジネスの世界では、1位とそれ以外の差は、思いのほか大きいものです。たとえば、あなたが複数のライバル企業と争うコンペティションに参加したとしましょう。全力を振り絞り、99点のプレゼンテーションを行えたとしても、100点満点のプレゼンを行ったライバル企業が現れたら、契約はそちらに持って行かれます。「2位は敗者グループの1番にすぎない」という言葉がありますが、1位以外が全員負けとなるケースは、社会に出ると決して少なくありません。

だからこそ、「ナンバーワン」でかつ、「オンリーワン」の社員を目指してほしいのです。

基礎力⑤

美意識を大切にすること

ここでいう美意識には2つの意味がある。
自分の軸を持ち、確固たる信念で生きる力と、
大人としての所作や振る舞いのこと。
美意識を大切に「セルフブランド」を築こう。

26 「フレッシュ&スマート」を意識する

私が勤めていた化粧品メーカーでは、「美」というものに対し、全社一丸となって取り組んでいます。そのため、社員に対し「美意識を大切にしよう」という風土が醸成されていました。

「美意識」の一つは、自らの所作・振る舞いを美しく整えるということ。もう一つは心持ちを美しくすること。すなわち、生き方そのものを美しくするということです。

若手ビジネスパーソンにとって、どちらも非常に重要だと考えています。

まずは所作・振る舞いについて、説明しておきましょう。

皆さんは、「メラビアンの法則」をご存じでしょうか?

これは、アメリカの心理学者であるアルバート・メラビアンが打ち立てたものです。

人と人とがフェーストゥフェースで行うコミュニケーションにおいて、言葉の内容などの言語情報が占める割合はわずか7パーセント。これに対し、口調や声のトーンなどの聴覚情報は38パーセント、そしてボディランゲージ、いわゆるノンバーバル（非言語）な視覚情報はなんと55パーセントを占めているとされています。この理論を元に、人の第一印象は所作や振る舞いによって大きく左右されると主張する人も少なくありません。

たとえば、あなたが新しい取引先との契約について面談しているとしましょう。もし、取引先の担当者が、よれよれのスーツ、寝グセがついた髪のまま現れたらどう思うでしょうか？　おそらく、「この人はルーズなのかもしれない。取引を始めたら、納期を守れなかったり、約束を破ったりするリスクが高いんじゃないかな？」などと不安を抱くに違いありません。

一方、きちんとした服装で現れ、メモをしっかり取り、次回のアポイントまでちゃんと確認して帰るような人だったら、「この人はしっかりとした人だ。契約後も、きっと誠実で正確な仕事をしてくれるだろう」と考えるのではないでしょうか。

なかには、外見より中身が大事だろうと主張する人もいるでしょう。実は私も、外見より中身の方が重要だという考えの持ち主です。ただ、外見と中身との間には、ある程度の相関関係があります。つまり、心の中身がだらしない人は、外見もだらしなくなる傾向が強いのです。

モチベーションが低下していると、身の回りを整理整頓したり、身だしなみを整えたりする気力が落ちてしまいます。仕事でやる気が起きないとき、難しい仕事やイヤな仕事を後回しにした経験は、多くの人にあるでしょう。

こうした仕事の資料は、机の上などに乱雑に置かれます。そして、その上には別の仕事の資料が重ねられていくでしょう。この状態が長引けば、山積みの資料はどんどん増えていき、見ているだけでやる気を削《そ》ぎます。そして、さらにモチベーションが下がるという「負のスパイラル」に入ってしまうのです。

逆に、思い切って身の回りを整理すれば、難しくハードルの高い仕事の資料が「見える化」されます。すると、どの程度時間をかければ仕事を終えられるかが分かり、気分的にも前向きになれるでしょう。

このように、整理整頓や身だしなみは仕事ぶりと関連性があると、多くの人は直感的に知っています。そのため、身だしなみがだらしない人は、仕事もだらしないと判断されてしまうのです。

また、きちんとした身なりをすることは、相手に対して尊敬の念を表すことを知っておきましょう。

初めてのデートや大事な記念日などに、共に時間を過ごす相手が薄汚れた姿で現れたら、あなたはどう思いますか？　きっと、「私のことを大切に思っていないのかな」とがっかりしてしまうでしょう。尊敬し、大事に考えている人に対しては、きちんとした服装で臨むのが礼儀というものです。

私は新入社員時代に、ある役員からこんな声をかけられました。普段からとてもダンディで、お歳を召されても若々しさを失われない方でした。

「資生堂人たるもの、常にフレッシュで、スマートであれ」

この言葉は、今でも記憶に鮮明です。何も華美である必要はありません。しかし、**相手に対して敬意を払い、身なりをきちんと整えることは、若い人にとって最低限のマナー**だと言えるでしょう。

27

「おもてなしの心」をディズニーに見習おう

私は大のディズニーファンです。年に10回程度は、東京ディズニーリゾート（TDR）に足を運びます。周りを見渡しても、とりわけ若手社員や学生には、ディズニー好きはとても多いと感じます。

何度訪れても、TDRは楽しい場所です。その理由はたくさんあるでしょう。アトラクションの素晴らしさ、工夫が凝らされたショー、さまざまな種類の食事、愛らしいキャラクターなども、来場者を喜ばせる大きな要素です。しかし私は、「キャスト（スタッフ）のおもてなし」こそが、TDRの最大の魅力ではないかと考えています。いつでも期待を超える感動を与えてくれるからこそ、何度も何度も通ってしまうのです。

一般の企業では、**「〜の場合には〜のように行動しなさい」**といった具合に、具体的なやり方が示されています。この手法は、初心者を短期間で戦力化するのには向いています。しかし、マニュアル以上の「驚き」は与えられなくなります。

以前、ある高級ホテルのレストランが、サービスに関するマニュアルを導入したと聞きました。そのレストランを訪れた人に聞いてみると、残念ながら、味もサービスも格段に落ちてしまったそうです。

料理は高度になるほど、マニュアル化はしづらいものです。仕入れる食材の状態は日によって異なるのが普通。そのため、いつもと同じ味を出すためには、「今日の野菜はあまり熟していなかったから、少し長めに煮込もう」などの工夫が必要です。

一方、食べるお客さまの体調も、日によって微妙に違います。その日のお客さまの体調まで考え、繊細なサービスを提供しているところもあります。

有名な話しですが、ＴＤＲのマニュアルでは、**「～の場合には、～のように考えなさい」**という考え方の基本は示しているそうです。しかし、実際の現場では、ゲスト（来場者）の立場を最優先に考えて、「おもてなし」の心をもって対応するように徹底されていると聞きます。

その考え方が見事に結実したのが、東日本大震災の際の見事な対応でしょう。
２０１１年３月１１日。この日、大地震に見舞われたＴＤＲでは、多くのキャストが独自の判断でゲストを守ろうとしました。あるスタッフは、ゲストの頭部を守ってもらうために、普段は販売しているキャラクターのぬいぐるみをゲストに配りました。別のスタッフは自分の判断で来場者に声をかけて恐怖を和らげました。彼らの中には、**「ゲストのために、最大限の力を尽くす」**という理念が浸透しているのでしょう。これはＴＤＲが誇る、最高の美意識なのではないでしょうか。

ＴＤＲには、**「毎日が初演」**という教えもあるそうです。
同じ仕事を続けていると、どうしても慣れてしまって緊張感を失いがちです。ところがＴＤＲを訪れる人にとって、来園日は「特別な１日」です。場合によっては、一生に一度の体験となるかもしれません。だから、日々フレッシュな気持ちで仕事に当たり、お客さまに最高の感動を与えようと努力するのです。

２０１３年４月、ＴＤＲは開園３０周年を迎えました。ＴＤＲを運営するオリエンタルランドは、過去最高の売上高を記録しています。こうして売り上げを伸ばし続けているのは、われわれに常に新鮮な驚き、そして満足を超える感動を必ず与え続けているからでしょう。

こうした姿勢は、若い人にとっても大いに参考になるはずです。**仕事に対して緊張感を失わず、常に新入社員のころのように新鮮な気持ちで仕事と向き合う。お客さまの期待を上回るサービス・商品を提供して、感動を与える。**

このようなやり方を続けていけば、社内・社外を問わず、必ず評価される人材になります。

28

「テーマカラー」で相手への敬意を伝える

私は普段から、「テーマカラー」を大事にしています。これは、美意識を磨きたいと考えている若手ビジネスパーソンにとって、参考になる手法だと思います。

テーマカラーという考え方を思いついたのは、2007年のことでした。私が黄色いネクタイを着けているのを見て、ある若手社員が「『エリクシールシュペリエル』（資生堂の化粧品）のパッケージカラーと同じですね」と声をかけてきたのです。

それまで私は、ネクタイの色に無頓着《むとんちゃく》でした。しかし彼女から指摘されたことで、「色で自己プロデュースや、ちょっとした演出ができるんだ」と発見したのです。

こだわりのある人は、こうしたオシャレに敏感です。たとえば、サッカーの元日本代表監督だったフィリップ・トルシエ氏は、ネクタイやシャツの柄に、必ずトリコロールカラーをあしらっていたそうです。きっと、フランス人だというアイデンティティを大切にしていたのでしょう。

色というものは、思いのほか印象に残ります。演出の道具としては、かなりの効果があるのです。そこで私も、色にこだわることで何らかの演出をしようと考えました。たとえば、2008年の新入社員を迎えるときは、テーマカラーをピンクにしました。入社式会場に飾られた胡蝶蘭《こちょうらん》、新入社員が付けるネームプレート、資料を挟むためのバインダーなど、すべてをピンク色で統一しました。さらに、懇親会で提供するお菓子や、資生堂パーラー特製のクリームソーダまでピンク色に揃えるという徹底ぶりでした。もちろん、私自身もピンク色のネクタイ、ポケットチーフで臨んだのは言うまでもありません。おかげで、新入社員には強いインパクトを与えたようです。

後日、その期のメンバーの結婚式に参加したことがありました。私は、ピンク色のネクタイを占めて式場に向かいました。すると、その期の教え子から口々に、「深澤さん、やっぱりピンクのネクタイでしたね（笑）」「私もピンクのアクセサリーをつけてきましたよ」などと声をかけられました。

テーマカラーによって、相手への敬意を示すこともあります。

私は採用という仕事柄、企業説明会や講演などで大学・短大などに出向く機会がありました。そんなときは、各大学のスクールカラーのネクタイやチーフを身につけるのを習慣にしています。お招きいただいたことに対し、私なりに感謝の気持ちを伝えたいと思っているのです。

こうした話を若い人にすると、多くの人が興味を持ってくれます。横並びの意識が強く、無難な服装を選んでしまいがちな人にとって、色で自己アピールする、あるいは相手に尊敬の念を示すという考え方は、かなり新鮮に映るようです。

私の話を就職活動に取り入れた人もいました。応募している企業のイメージカラーを身につけ、面接に臨んだ人は決して少なくないと聞いたことがあります。会社側としては、その企業に興味と愛着を持っていることが伝わって、とても嬉しく感じるに違いありません。

ビジネスの基本は、人と人との信頼関係です。相手によい印象を与え、敬意を表することはすべてのビジネスパーソンにとって大切なことでしょう。テーマカラーは、その一つの手段なのです。

似通った方法は他にもあります。たとえば、自分なりにこだわったスタイルのスーツでアピールすることも考えられるでしょう。女性なら、適度な香りを演出道具にすることも可能です。「オシャレなスーツの男性」「爽やかな香りのする女性」といった印象を与えられれば、ビジネスにも好影響を与えるはずです。

高価な服を着る必要など、まったくありません。**大切なことは、状況や相手に応じて工夫するアイデアとセンス。**それを追求していけば、あなたの個性にあった「美意識」が、さらに磨かれていくでしょう。

29
「あいさつ後のひと言」と「雑談力」で人間関係を円滑にする

あいさつがすべての基本であることは、前に書きました。

あなたは自分のあいさつを確認したことがありますか。客観的に見ることは、なかなか難しいですね。

そこで一度、「あいさつチェック」をすることをお勧めします。

自分が挨拶をしているところを、スマホやビデオで撮り、まず自分で確認してみてください。どういう印象を持つでしょう? このように自分の行動や思考を客観的に把握して知ることを「メタ認知」と言います。

自分を見つめるうえで、有効な手法ですし、常に相手の立場に自分を置いて考える訓練にもなり、いろいろなことを学べますよ。また、先輩や同僚にチェックしてもらったり、普段の印象を聞いてみたりするのも早道です。

さて、上手にあいさつができるようになったら、人間関係の第一段階は突破です。

続く第二段階として身につけたいのが、「あいさつプラスワン」です。

「あいさつプラスワン」とは、あいさつの後に加えるちょっとしたひと言です。話題は、どんなものでも構いません。今日の天気や、朝刊に書かれていたニュースでもいいでしょう。相手と共通の趣味があれば、それに関わることでもいいと思います。大事なことは、相手との距離を一歩でも縮めようとする気持ち。それさえあれば、相手との関係を上手に築くことができます。

お得意先に伺って、すぐにビジネスの話題に入ってしまうと、「どうも歯車が噛《か》み合わない」と感じることが多いはずです。確かに、最近ではビジネスにスピード感が求められています。また、仕事の量が増えていくなかで、業務をできるだけ効率よく処理したいという気持ちも理解はできます。しかし、単刀直入に商談に入るのは、決して賢明なやり方とは言えません。

お得意先にとって、たくさんの競合商品・サービスのなかから一つを選ぶ基準とは、果たして何でしょうか。もちろん品質やコスト、納期も判断材料の一つでしょう。

しかし、一番大きいのは「営業する人」なのです。多くの人は、信頼できる相手、好きな相手と取引したいと考えます。だから優秀な営業職の人は、お得意先とまずコミュニケーションを図《はか》り、心が開いてきてから商談に臨んで成功させます。

こうしたひと言は、社内の仕事もやりやすくしてくれます。

たとえば、上司と一緒に出席する会議が、その日の午後に開かれるとしましょう。その上司とエレベーターなどで顔を合わせたら、「おはようございます！　今日の会議、どうぞよろしくお願いします！」とあいさつプラスワンをするのです。

このひと言によって、あなたは上司に、会議に向けた心の準備がきちんとできていることを伝えられます。さらに、上司から「今日の会議、○○の資料も用意してくれないか?」などと指示を受けることもあり得るでしょう。そうすれば、仕事の先手を打つことができます。まさに、いいことずくめです。

雑談力を高めるには、まず、聞く力を高めることです。

相手が自然と話せるよう、上手に聞き、そして質問することができれば、話はどんどん広がっていきます。

そのために大切なことは、次の2つです。

・相手に関心を持つこと。相手を知りたいと思う心が強ければ、人と話すことが苦ではなくなります。

・話題の引き出しを増やしておくこと。読書やニュースなどで知識の幅を広げ、情報のアンテナを広く張っておけば、どんな話題が飛び出してもついていくことができるようになります。

「好きこそ物の上手なれ」です。人間を好きになり、人の話を聞くことが好きになれば、人間関係を築くことも得意になるはずです。

31

状況に合わせ、3つの笑顔を使い分ける

さて、前項で紹介した「あいさつプラスワン」には、もう一つあります。それは、笑顔です。

笑顔は、人間にとって最も魅力的な表情です。笑顔を絶やさずにいる人は、必ず周囲から手助けしてもらえます。一方、どんなに優秀な人であっても、無表情で口角（唇の両端）が下がっていると印象が悪く見えてしまうのです。本当はもっと素敵な人のはずなのに、表情だけを見ていると、もったいないなあと感じるケースがしばしばあります。ちょっと笑顔になるだけで、全然違う魅力が溢れるのに……。

逆に、笑顔のおかげで大きなチャンスをつかむ人だっています。たとえば、前に勤めていた会社の最終面接で出会った学生は典型的でした。

その人は、朝一番の時間帯に面接が決まっていました。特に元気がよく、自然な笑顔を浮かべていたのです。ある面接官がつけたニックネームが、「ワンダ・モーニン

グショット」。コーヒー飲料のCMになぞらえられるほど、爽やかな印象を与えていました。その笑顔を武器に、彼は面接を突破。今も、営業の仕事で頑張ってくれています。

人と人とのコミュニケーションは、まずは笑顔から始まるといっても過言ではありません。そして人は、やはり笑顔のとき、一番魅力的になるのです。

そこで、学校や企業研修でもよく行われていると思いますが、「笑顔」のポイントについて紹介します。

1つ目のポイントは、左右均等な表情であること。たとえば、口元を片側だけ上げると、不自然な印象を与えてしまいます。ひと言で表すと「影のありそうな笑顔」、昔風に言えば「ニヒルな笑顔」といった感じでしょうか。

2つ目のポイントは、顔全体で笑うこと。よく「目が笑っていない人」という表現があります。これは、目元が笑えていないからです。口だけではなく、頬《ほほ》も動かして笑うようにすると、うまくいきます。

笑顔の印象

３つ目のポイントは、口元の角度を意識すること。実は上図に示したように、笑顔には、口元の上げ方によって笑顔も変化するのです。そして、それぞれにふさわしい状況があることを知っておきましょう。

図の一番左で紹介している笑顔は、やや控えめな笑顔。この笑顔を象徴するのは「気品」という言葉です。フォーマルな場で使うのにふさわしいでしょう。

図の真ん中で紹介しているのは、きわめて自然な笑顔です。これが一番魅力的に見える笑顔かもしれません。幅広い状況で活用できる、基本的なものです。

そして図の一番右で紹介しているのは、顔全体が笑顔でいっぱいというものです。この笑顔をひと言で表すと「親しみやすさ」。何度も会っている人、同僚などや、子どもに接する場合であればぴったりでしょう。

笑顔は、自分で確認することが難しいものです。自分では上手に笑えているつもりでも、人から見ると不自然に見えることが珍しくありません。

そこで、他の人を相手に練習してみましょう。2人1組になって練習したり、家族や親しい友人にアドバイスをしてもらったりするのは効果的です。携帯電話などを使って「自分撮り」をし、自らの表情を確認してもいいですね。

顔の筋肉を動かすトレーニングをするのもおすすめです。顔を動かす「表情筋」を鍛えれば、ダイナミックで魅力的な表情づくりにつながるでしょう。

基礎力⑥

支え、支えられること

仕事を一人で進め、成し遂げることはできない、
大切なことは、あなたを支えてくれる周囲の人への感謝だ。
「支えることの大切さ」と「支えられることのありがたさ」
相手の立場を意識して、支え合うことに生きる価値がある。

31 支えてくれる人が増える3つの条件

周囲の人に支えてもらうことは、若い人にとって実に大事なことです。

私は入社7年後に初めて異動し、商品開発やプロモーションの企画を手がける「ブランドマネジメント」の仕事に携わるようになりました。そこで担当したのが、美白化粧品の新製品でした。当時は、「美白」という市場が注目されはじめたころ。こうしたなかで、資生堂はシミやくすみのない白い肌を実現するためのブランドを、新たに立ち上げることとなったのです。

この商品は、アルブチンという新しい有効成分を含んだ、画期的な商品でした。ただ、1本で1万円もする点が不安材料でした。そこで私は、テレビCMと雑誌広告を軸にして、紫外線の肌への影響と、美白の素晴らしさを訴えるプロモーション計画を立案したのです。全国のお得意先、社員、そしてご愛用いただいたお客さまのおかげで、この商品はその年の「ヒット商品番付」にも選ばれました。

異動してすぐに大きな結果を出せたことで、私は有頂天になってしまったのです。ところが、浮かれている私を見て、当時の上司はこう戒《いまし》めました。

「なるほど、この商品は売れた。でも、そのなかで、キミが売ったのはいくつだ？1つも売っていないじゃないか。自分だけで成果を上げられたなどと、絶対に勘違いするな！」

この言葉を聞いて、私はとても大きな衝撃を受けました。私は、新商品が売れに売れたのは自分が企画・立案した戦略の成果だと勘違いしていたのです。

しかし、上司が指摘してくれたように、この商品の年間販売実績が180万個にも達したのは、販売の第一線で汗を流してくれた販売会社の皆さんのお蔭だったのです。私が実際に店頭で販売した数はゼロ。このとき私は、自分の業績が多くの人々によって支えられていることを、心の底から実感でき、感謝する気持ちの大切さを痛感しました。

「男子家を出《い》ずれば七人の敵あり」ということわざがあります。しかし、このことわざには、あえて異議を唱えます。外にはたくさんの味方がいるのです。

一人で仕事をすることはできません。どんな人も、誰かと協力しながらビジネスを行っています。ですから、相手を支え、そして相手に支えてもらう力は、ビジネスパーソンにとって欠かせないものです。特に若いうちは、支えられる力を伸ばせばいいと思います。

多くの人から支えられる人になるためには、3つの条件を挙げたいと思います。

1つ目は、**素直さ。**周囲のアドバイスを正面から受け入れ、生かせる人は、誰からも愛されるでしょう。

2つ目は、**向上心。**志が高く、成長しようと常に努力している人は、周りからのサポートを受けられます。

3つ目は、**人間としての暖かさ。**偉ぶったり知識をひけらかしたりせず、純粋に人生や仕事に打ち込める人は、「あの社員を育ててあげよう」と力を貸してもらえます。

若手のうちは、この3条件を心に刻んで、周りの人にどんどん支えてもらいましょう。そして、貪欲に知識を吸収して成長したら、**今度は自分が支える側に回ればいいのです。**それが信頼感のある人間関係をつくっていくことになります。

ところで、人間関係をつくる最初のかんたんな秘訣は、相手の名前を覚えることです。あなたは、ただ「おはよう！」と声を掛けられるより、「○○さん、おはよう！」とあいさつされる方が気持ちよく感じるでしょう。名前を呼ばれる方が、私を大事に考えてくれているという気持ちが伝わるからです。

このことについては、あるエピソードがあります。前に勤めていた会社で大阪へ出張したとき、偶然、入社2年目の社員から声を掛けられたのです。その社員とは、新入社員研修で、私は人事部の担当者として出会っていたのですが、とっさのことで名前を思い出せませんでした。

後日、彼女からメールが届きました。「深澤さんにとって、私は数ある若手社員の一人に過ぎないでしょう。でも、私にとって深澤さんは、新人社員研修で教えていただいた大切な一人。常に一対一の関係なのです」。その日以来、私は手帳に2005年以降の全社員の名前と配属先を記したメモを挟み込んでいます。

相手の名前をきちんと呼ぶ。それは支え、支えられる人間関係の基本ですね。自分が逆の立場になると、よくわかります。

32

自分の軸を持つと、「優しさ」と「厳しさ」を使い分けられる

人を支えるためには、相手の気持ちを十分に理解する必要があります。その上で、相手のために役立つ努力をしましょう。

ただし、それは相手の希望を全面的に受け入れるということにはなりません。特に仕事の現場では、個人の都合より組織の都合が優先されるべき状況もあります。そんなとき**重要になるのが、何が大切なのか見極めるための「軸」です**。

私も20代のころは、自分の軸がぶれてしまうことがよくありました。

化粧品会社には、デパートやドラッグストア、化粧品専門店などでお客さまにカウンセリングやメーキャップ指導などを行う「ビューティーコンサルタント」という仕事があります。私は営業職として、数人のビューティーコンサルタントをマネジメントする役割を担っていました。

仕事の中には、ビューティーコンサルタントの勤務日に関するシフト作成が含まれています。お得意先と相談しながら、各店舗にビューティーコンサルタントを派遣する日を決め、チーム内のメンバーを割り振るのです。

ある日私は、1カ月分のスケジュール表を作成し、メンバーに配りました。すると一人のビューティーコンサルタントが、私の目の前でいきなりスケジュール表を破ったのです。私は何も言うことができず、その場に立ち尽くしてしまいました。原因は、彼女が絶対に休暇にしたかった日曜日に仕事が入っていたことでした。彼女は私に、この日はどうしても優先したい用事があるので休みたいと連絡していました。

多くの得意先では、来店客の多い週末が繁忙期です。そのため、お得意先からは土曜・日曜日にビューティーコンサルタントを派遣してほしいという要望が寄せられます。一方、当時私のチームにいたビューティーコンサルタントは、18~25歳の女性ばかり。デートもあるでしょうし、友だちと遊びたいとも思うでしょう。

だから、週末に休みたいと考える人は多いのです。私は営業担当として、両者の板挟みになっていました。

結局私は、その女性に対して「これからもできるだけスケジュールは配慮するので、今回は協力してほしい」とひたすらお願いし、彼女も納得してくれました。

このとき私は2つのミスを犯していました。1つは、チーム内でしっかりとコミュニケーションを図れていなかったこと。互いの意思疎通がきちんとできていれば、目の前でスケジュール表を破られるという場面は避けられたはずです。

もう1つのミスは、「何を一番大切にすべきか」という軸が固まっていなかったことです。こちらの方が、より反省すべきであったと感じています。


チームメンバーに気持ちよく働いてもらうことは、マネジメントする立場にとって大切な役割です。また、チームワークをより高めることも必要だったでしょう。ただし、社会人としてお互いを思いやり、相手の立場を考えて仕事をする気持ちは大切ですが、決して友だち同士ではありません。あくまで「仕事仲間」なのです。最も重要な目的は、仕事で成果を出すということでした。私は、その認識が甘かったのです。

次のようにあらかじめ説明しておけばよかったと反省しました。

「この日に休みたいという気持ちは分かります。でも当日は日曜日で、店では大きなプロモーションを企画しています。もし、あなたが休みを取れば、チーム全体の目標達成は難しくなるでしょう。ぜひ、あなたに力を発揮してもらい、目標達成にチームを導いてほしいのです。もちろん、これからもスケジュールについては、可能な限り配慮していきます。そうすれば、チームにとってもあなたにとっても、望ましい結果になると思いませんか?」

自分の軸をしっかりと持っていれば、「優しさ」と「厳しさ」をきちんと使い分けることができるようになります。

ビジネスの規模が拡大し、ステークホルダー(利害関係者)が多くなるほど、すべての人が満足する道は見つかりにくくなります。時には、誰かが不満を感じるような結論を出さざるを得ないこともあるでしょう。そんなときに道しるべになってくれるのが、「この仕事で最も大切にすべきことは何か?」「お客さまが一番求めていることは何か?」といった観点です。

そうすれば、仕事の上でぶれない軸を身につけることができます。

33 支えてくれる上司を見つける

自分を支えてくれる人といえば、やはり先輩や上司です。人生経験もビジネス知識も豊富な上司は、最も頼りになる存在でしょう。

若い人のなかには、「尊敬できる上司なんて、社内に一人もいません」と悩んでいる人もいると聞きます。しかし、上司や先輩の姿を真剣に見て、その人から学ぼうとする姿勢を持てば、状況は変わると思います。本当は、あなたを気にかけてくれる上司がいるのに、それに気づけていないだけなのではないでしょうか。

世の中には、子どもが嫌いという人もいます。でも、大半の人は赤ちゃんが大好きです。理由はいろいろあるでしょう。その中で最も大きな理由は、赤ちゃんには無限の可能性があるからだと思います。

赤ちゃんは、何もできません。自分でご飯を食べたり、おむつを替えたりすることなど不可能です。だから、大人たちが全面的に世話をする必要があります。ただ、赤ちゃんは日々成長します。ハイハイを始め、一人で歩けるようになり、やがて言葉を覚えて話ができるようになります。そうして毎日成長するからこそ、赤ちゃんを育てるのは楽しいのだと、私は考えています。

若い人にも、同じことが言えます。入社したばかりのころは、どうやって動けばいいのか戸惑い、ミスをしてばかりかもしれません。しかし、研修や現場での仕事を通じて、日々、実力を蓄えていくのです。その姿を見ているのは、人生の先輩である私たちにとって、大きな楽しみです。

部下、若手の成長を楽しみにしている人は、本当に多いものです。おそらく、あなたの会社にも必ずいると思います。もし、同じ職場ではなくても、いざというときに頼れる先輩、上司を、ぜひ探してください。

「上司」と聞くと、直属の上司しかイメージできないかもしれません。しかし、他の部署の上司・先輩を頼りにしても構わないのです。私自身も、他部門の若手から相談を受けたことが何度かありました。

たとえば、新入社員研修で出会った若手社員から会社を辞めたいと相談され、翌日、大阪まで飛んで行ったこともあります。その人の上司を含めて３人で会い、夜遅くまで語り合いました。彼女は結局、会社に残る道を選び、今では元気に活躍しています。

この事例のように、悩んでいるとき、苦しんでいるときに、直属ではなくてもこれから出会う多くの上司や先輩があなたのことを見ていて、手を差し伸べてくれることが必ずあると思います。思い切って相談してみることです。

ところで、上司が手を差し伸べるということは、必ずしも優しくするということだけではありません。よい上司というものは、時に厳しい言葉を部下にぶつけ、成長を促すこともあります。

私にも、厳しい上司がいました。当たり前の成果を出すだけでは、まったく評価してくれません。万が一仕事の手を抜いたときは、大声で怒鳴られることもありました。当時は、「本当にうるさい人だ！」とうんざりしていたものです。

ところが、後になって私が管理職になると、その上司のありがたみが分かるようになりました。人を叱り、全力で指導するのはかなりパワーを使うことなのです。

部下と上司が付き合うのは、お互いが異動するまでの数年だけというケースもあるでしょう。場合によっては、表面上だけ取り繕って、部下との関係を適当にやり過ごすことだって不可能ではありません。しかし、その上司は真正面から私に向かい、指導をしてくれたのです。こうした上司は、実にありがたい存在です。

もちろん、世の中には「相性の合わない上司・先輩」だっています。愛情からではなく、単に部下を怒鳴りつける上司だっているでしょう。しかし、そういう人からも学べることは多いと思います。「反面教師」ならぬ「反面上司」として捉え、将来、そうした上司にならないよう心がければいいのです。

あなたを支えてくれる上司は、若い人にとって心強い存在です。以前の部署で上司だった人、就職活動や研修などでお世話になった先輩などを積極的に訪ねるなどして、ぜひ、社内をくまなく探してみましょう。

34

人脈は社外でも広げる

一昔前の「ニッポンのサラリーマン」は、勤めている会社内だけで人間関係が完結しているケースが珍しくありませんでした。会社帰りは同じ部署の同僚とお酒を飲み、日曜日には同期と一緒に遊びに出かける。結婚式を開いても、参列者は会社の人ばかり。そんな風景がかなり多かったように思います。

しかし、そうしたタイプの人には、今後ますます厳しい時代がやってくるでしょう。今は、会社という組織に閉じこもって生きられるような時代ではないからです。

昔の日本企業は、経理、物流、開発、生産、販売など幅広い部門を揃え、社内で何でも完結できる「自前主義」が主流でした。特に大企業の場合は、その傾向が強かったと思います。しかし、こうしたやり方は現代では非効率になってきました。

1つには、ビジネスにスピードが求められるようになったからです。新製品を作ろうとしたとき、自社に適切な技術がなければ、ゼロから開発をしなければなりません。しかし、それではライバルに先を越されてしまいます。それより、必要な技術を持つ他社と業務提携したり、技術自体を買ってしまったりする方がずっと早いでしょう。

もう1つは、コストの問題です。幅広い部門を維持するためには、人件費や設備費などがかかります。これは、企業にとって重い負担です。それより、業務をアウトソーシング（外注）して、必要なときだけ必要な機能を手に入れる方が効率的です。

こうした背景があるため、日本企業は昔に比べて、他社とコラボレーションする機会が格段に増えています。

さらに、リストラを受けたり会社が倒産したりすることで、組織そのものがなくなってしまう危険性もあります。ＩＴ、家電、電子部品、ファッションなど変化の激しい業界では、利益を出せなくなった事業を思い切って削減する企業が増えているようです。

そこで大切なのが、社外にもネットワークを確保しておくことです。

まず挙げられるのが、学生時代の友人関係です。同世代で、しかも利害関係のない友人は、社会人にとって貴重な存在。フェイスブックなどのＳＮＳを通じ、卒業後も横のつながりを維持することは、とても良いことだと思います。趣味のサークルや、各種スクールなどで友人関係を広げるのもお勧め。同じ趣味を持つ人とは、互いに打ち解けられる可能性が高いからです。

もちろん、勉強会や異業種交流会に参加してもいいでしょう。ただし、この種の場では、単に名刺を配っても人脈は増えません。**大事なことは、自社や、現在あなたが手がけている仕事について、きちんと説明をできること**です。

このところ、「グローバル人材」の重要性が叫ばれてきました。若い人の中にも、グローバル人材を目指す人は多いでしょう。ところが、かなりの人はグローバル人材を、単に「まず語学ができること」だと誤解しています。

世界でビジネスを展開する上で、ある一定レベルの語学が必要なことは言うまでもありません。しかしそれ以上に大切なことは、自国文化への理解力が不可欠であるということです。パーティーや雑談などの場で、外国人から日本文化について質問を受けたとします。もし、まったく答えられなかったら、「この人は自国文化について無知で、人間としての幅が狭い人だ」と見なされてしまう危険性が高いのです。

ビジネスの場でも、同じようなことが起こり得ます。異業種交流会でいろいろな人と出会い、仕事に関する質問をされる機会は多いでしょう。そのとき、しっかりと答えられないようでは、「仕事に興味のない人」「仕事で成長しようとする熱意が欠けている人」と判断されてしまいます。これでは、人脈が広がるはずなどありません。

支え、支えられる相手は、何も社内だけに限定する必要はありません。

ぜひ、社外にも広めるようにしましょう。ただ、その前に自分の中身を充実させることを心がけましょう。いろいろな場所に顔を出しても、中身のない人は、誰の印象にも残りません。

ポジティブに仕事と取り組み、自らを成長させることが、人脈づくりには欠かせないものです。

35

伝えることより、伝わることを意識する

「伝言ゲーム」では、自分が伝えたつもりの言葉が、実は相手に上手に伝わらないことがしばしば起こります。

互いに支えたり支えられたりするためには、上手にコミュニケーションを図ることが必要です。意思疎通がうまくいかないままでは、ピントのずれた行動をしたり、相手の望まないやり方で手を差し伸べてしまったりする危険性があるのです。

ここで気をつけて欲しいことは、**「伝えること」と「伝わること」との間には、大きな差があるということです。**

世の中には、天性の「話し上手」もいます。採用時の面接や、グループディスカッションで、とうとうと自分の話をまくし立てるタイプです。アピール上手で確かに目立つのですが、必ずしも採用されるわけではありません。

こうしたタイプには、話すべきポイントがずれている人が少なくないのです。

たとえばある面接で、「海外赴任を命じられたらどうするか」と質問したことがあります。するとその人は、志望企業のグローバル戦略の状況や海外市場の動向について、長々と話をしたのです。なるほど、話しぶりはとても流暢《りゅうちょう》でした。業界についても相当勉強したことも伝わってきました。ところが、「海外赴任を命じられたら?」という質問に関しては、最後まで答えが返ってきませんでした。

この人は結局、自分の話したいことを話す人だと思われます。私たち面接官が聞きたいことを理解し、それに対して愚直に答える姿勢に欠けているのです。これでは、会話のキャッチボールが成り立っていません。結局、この人は不採用となりました。

コミュニケーションとは、相手にきちんと理解してもらって初めて成立するもの。言いたいことを言って、それで終わりという姿勢ではいけません。必ず、**相手の聞きたいことを理解すること。そして、相手がこちらの真意を理解したかどうか確認することを心がけてください。**

「辛口のフィードバック」を受け取ることも、ぜひ意識してほしいポイントです。たとえば私は、大学などで講演をさせていただいた場合、必ずアンケートをとって感想を聞くようにしています。

聞き手の皆さんは優しい方が多いので（笑）、アンケートには好意的な感想が並ぶケースが多いものです。もちろん、よい感想は励みになります。でも、褒め言葉に喜んでばかりいては、成長はできません。

大切にしたいのは、ネガティブな意見や感想です。「早口で分かりづらかった」「内容が盛りだくさんだったので、一番に伝えたいことが絞り切れていなかった」などの回答があったら、きちんと反省して、次の講演では修正できるのでありがたいことです。

主催者や参加者と直接お話をして、感想をいただくこともあります。顔を合わせると、なかなか辛口のコメントを言いづらいのが人情。ですから相手に「講演内容をもっとよくしたいと思っていますので、ぜひ、厳しい意見を言ってください」とあえてお願いするようにしています。

絶えず成長するためには、耳の痛い意見を大事にすることが必要です。でも、社会に出ると、意外に「厳しい意見」は聞きづらくなります。世の中には、手厳しく相手を批判するより、そのことには触れずにやり過ごしてしまおうと考える人も多いからです。取引先など社外の人からフィードバックをもらうのは、さらに難しくなるでしょう。

ですから、厳しい意見をぶつけてくれるような人は、実に貴重な存在です。自分の弱いポイントをストレートに指摘する上司、厭味《いやみ》ばかり言ってくる先輩やお得意先なども、絶対に遠ざけてはいけません。むしろ、自分を伸ばしてくれるチャンスを与えてくれるのだと、大歓迎すべきでしょう。

歯に衣《きぬ》着せず、率直に意見をしてくれる同期も、大事にしなければなりません。同期同士で互いの弱点を指摘し合えば、全員で成長することも可能になるでしょう。

36

誰かを支えるときに、見返りを求めない

私が勤めていた会社では、商品やサービスを使っていただき、お客さまに「ありがとう」と言ってもらうことをビジネスの大切な目標に掲げていました。美しくなるためにお客さまの役に立つことが、何より大事だからです。

お客さまに感謝してもらうためには、まずは自らが感謝する能力を身につけることが必要になります。そこで新入社員研修では、「こころの勉強会」と題したプログラムを実施していました。

まずは、スクリーンに「ここまで育ててくれたお父さん、お母さん、ありがとう」などの文字とイメージ映像が、ＢＧＭとともに流れます。それを見た後で、身近な人に対して感謝の言葉を手紙で伝えるのです。

手紙の相手は誰でも構いません。兄弟や恩師に向けて書く人もいます。しかし新入

社員の多くは、両親のどちらかに向けて手紙を書いていました。

最初は、シーンと静まりかえった研修室で、ペンを滑らせる音だけが聞こえます。ところが、途中からすすり泣く声がどこからともなく聞こえてきます。そして最後には、多くの人が涙を流してしまうのです。このプログラムは毎年行われていましたが、いつの年も変わらない風景でした。


子どものころは、父母の愛情を当然のものだと感じ、ありがたみを感じる機会は少なかったのでしょう。しかし、社会人になってみると、親のありがたみや、その大変さが骨身に染みるのだと思います。

先日、行きつけの美容院で髪を切ったときも、女性のスタイリストさんが次のようなことを話していました。彼女は高校時代、かなり父親に反抗したそうです。しかし、社会人になって一人前の仕事ができる今は、父母が一生懸命に働いて自分を育ててくれた恩を、心からありがたいと思えるようになったと言います。ただ、言葉でありがとうと言うのは、少し照れくさい。そこで彼女は、お父さんの髪の毛を自分でカットしてあげるそうです。

人に感謝できるようになったのは、それだけ成長したということです。視界が広がり、いろいろな苦労を経験したからこそ、相手の大変さが分かるようになったのでしょう。そして、その気持ちを言葉や行動に表し、相手に伝えることが、絆《きずな》をさらに強めることにつながります。

両親が子どもに捧げるのは、無償の愛です。それは見返りを求めることなく注がれます。だからこそ、新入社員の多くが涙するほど、感動的なのかもしれません。

ビジネスの世界では、「ギブアンドテーク」が大事だと言われます。しかし、将来の利益を計算して相手に尽くすのは、正しい姿ではありません。むしろ、「ギブアンドギブ」、すなわち、見返りを求めずに相手にとことん尽くす姿勢を持ちたいですね。

私の長男が社会人になった翌年、彼の職場で新年会が開かれたときのことです。年明けの多忙な時期ということもあり、さほど人数が集まらなかったそうです。その結果、集まった会費が予想をはるかに下回っていた。幹事役の若手社員が困っていると、そこに新人指導役のベテラン社員が現れ、不足分を支払ってくれたのです。息子が、「どうしてそんなにしてくれるんですか？」と思わず聞くと、ベテラン社員の方は、

「みんなに楽しんでもらうことが、私にとってはありがたいことなのです」とにっこり笑ったそうです。

私が普段から家でも、立派な社会人となるために、「利他心を持った人を目指せ」と話しているからか、「その先輩は普段から利他心の塊《かたまり》のような人だ」と息子は感心するように話していました。職場でも、誰からも尊敬される存在だそうです。

感謝というものは、「作用と反作用」に似ています。**人に対してたくさんの感謝を抱き、それを積極的に伝える人は、周りからも感謝されます。**そして、感謝の輪が回り続けるうちに、その人の周りには強固な信頼関係が築かれるのです。

世《せ》知辛《ちがら》い世の中で、相手に尽くし続けるのは大変です。しかし、人にとって最も尊いことは、他人のために奉仕することであると考えています。目先の成果にとらわれず、相手に与え続けることを心がけたいものです。

基礎力⑦

習慣化すること

「仕事に大切な基礎力」は、実際に行動して身につけてこそ、初めて仕事の成果に結びつくもの。
そのためには、地道に、コツコツと実行すること、習慣化するまで諦めずに続けることと、
最後は、あなた自身の「心持ち」次第だよ。

37

優先順位を付けて仕事に臨む

私は企業の人材開発担当者として、多くの社員を見てきました。また、研修で出会った社員も数多くいます。

彼ら、彼女らを見ていると、優秀な人に共通する習慣があることに気づきました。そこで、「できる若手」となるために、身につけておきたい習慣を、お伝えします。

＊　＊　＊

まずご紹介したいのは、仕事に優先順位を付けることです。

多くの人は、複数の仕事を並行して進めています。まずはそれらを、すべて書き出してみましょう。**抱えている仕事を「見える化」することで、頭のなかをざっくりと整理しておきます。**

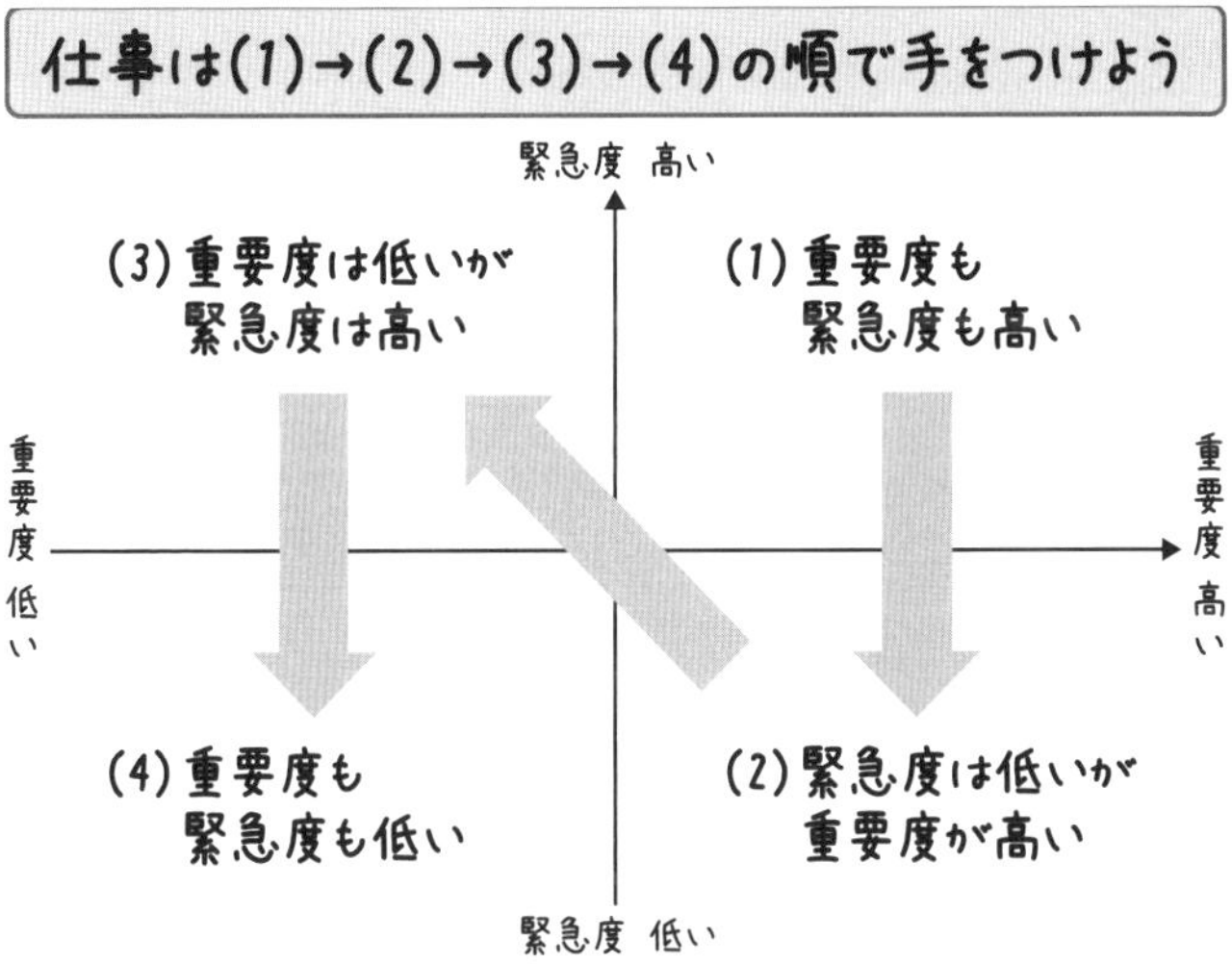

続いて取りかかるのが、書き出した仕事を「重要度」と「緊急度」という2つの軸で分類することです。上に示した図のように、「重要度も緊急度も高い（1）」「重要度は高いが、緊急度は低い（2）」「重要度は低いが、緊急度が高い（3）」「重要度も緊急度も低い（4）」という4分野に分けましょう。

たとえば、顧客からのクレームに対応する仕事は、きわめて重要で、しかもすぐに対応しなければならないため（1）に該当します。

中長期の経営課題であり準備をしておかなければならない業務や、仕事のためにスキルを磨いたり社内外の人間関係づくりを図ることは、すぐに取りかかる必要はないものの、将来につながるとても大事なことですから、これは（2）になります。

重要度は低いが、すぐに取りかからなくてはならない資料づくりやメールなどに対応するのは（3）。

重要度も緊急度も低い仕事は（4）に分類されます。

このうち、最も優先して取りかかるべき仕事は、言うまでもなく（1）です。一方、最後にやればいいのは（4）に当てはまる事柄です。これは誰もが迷うことなく理解できることだと思います。

やっかいなのは、（2）と（3）です。あなたは普段、どちらから先に手を付けるでしょうか？

優先順位が高いのは、実は（2）です。今日、明日に結果を出す必要はないが、きわめて重要度の高い仕事に早いうちから着手すれば、長い目で見れば多くの成果を上げられます。ですから、この分野の仕事に多くの時間を割り当てることが、若い人には重要です。そして（2）に該当する業務は、早晩（1）に位置づけされることが多い。そのときに取りかかろうとしても、手遅れになってしまうから注意が必要です。

ところが、多くの人は（3）の方から手を付けてしまいがちです。重要度という観点からは、優先度は低い内容だけど、目前に迫った仕事に追われて、ついつい重要な仕事を後回しにしてしまうのです。これでは仕事が後手後手に回ってしまうでしょう。（3）に費やす時間を減らし、（2）に回せる時間を十分に用意するためには、仕事の段取りをきちんとしておくことが大切です。つまり（3）に該当する仕事を効率よく処理することが、最大のカギを握っています。

若手のうちは、先輩や上司などから突然仕事を頼まれることも多いものです。だからこそ、**普段から自分が抱えている仕事をきちんと把握し、余裕を持って新たな仕事に取りかかれるようにしておきましょう。**

38 生活サイクルを朝型にする

　ここ数年、「朝活」という言葉が流行しています。朝、出勤前の時間を利用して、勉強会や自己啓発、スポーツなどに励んで能力を高めようとする取り組みです。若い人のなかにも、朝活に励んでいる人は少なくありません。

　ある年の採用活動中に、印象的な学生とお会いしました。説明会や面接は朝の9時ころから始まります。しかし、学生の多くは夜型の生活に慣れているため、昼間や夕方に開かれる説明会から定員が埋まっていくのです。

　一方、朝早い時間帯は、敬遠される傾向が強いと言えます。ところが、ある学生は、いつも朝一番の回を予約していたのです。しかも、毎回爽やかなあいさつで入室してきました。面接官たちは、そのスタイルに誰もが好感を持ったのです。

　結局、彼女は内定を勝ち得ました。その後で確認してみると、朝型の生活サイクルをすでに習慣としていたことが分かったのです。

生活サイクルを朝型にすることは、多くのメリットがあります。

1つ目は、**頭の冴《さ》えている朝のうちに、一日の仕事の段取りを組めることです。**人間の脳は、午前中の方が冴えています。そして、夕方、夜と時間が過ぎるに従って、疲れがたまり、思考能力が落ちていくことは言うまでもありません。

前項でも説明したように、ビジネスでは先手を打って準備をしておくことが重要です。朝のうちに一日の仕事を確認し、先回りして準備をしておけば、業務効率は大きく高められるでしょう。逆に、ダラダラと残業して仕事をするスタイルは好ましくありません。取りかかりが遅くなって仕事が後手に回りますし、夜になってから重要度の高い仕事にとりかかっても、よいアイデアは出ません。

2つ目は、**ムダな仕事に邪魔されるリスクが少ないことです。**多くの社員が仕事を始める時間になると、突然の電話やメールが頻繁に飛び込んできます。上司や先輩などから急に仕事を頼まれることもあるでしょう。急なトラブルに対応しなくてはならないことも発生するでしょう。そのため、それまでに取りかかっていた仕事を途中で中断されるケースが多いのです。特に、集中して取り組まなくてはならない仕事があるときは、途中で中断せざるを得ないのは本当にイヤなものです。

ところが、朝早い時間帯なら、電話もメールもありません。社内にいる人の数も少ないため、静かな環境で仕事に集中できます。まさに、「自分だけの時間」が得られるのは、ビジネスパーソンにとって貴重なことでしょう。

３つ目は、**通勤ラッシュを避けられることです。**始業ギリギリに会社に着こうとすると、混んだ電車に乗らざるを得ないでしょう。しかし、３０分、あるいは１時間早い電車なら、さほど混《こ》んでいないことが多いはずです。

空いた電車に乗れるのは、ストレスがかからずに済みます。また、電車内で新聞や本を読むなど、知識をインプットする時間にあてることができるのです。

そして４つ目は、**プライベートを充実させられることです。**朝早くから仕事に取りかかっている分、業務が効率的に進めば、仕事の時間は短くなります。そのため、社外の友人と会う機会を設けたり、家族と過ごす時間を増やしたり、自己啓発の時間にあてることが期待できます。

私自身も、この１０年ほど前から、朝型生活に切り替えています。最初は朝起きるのが辛かったのですが、慣れてくると、とても爽快です。

実感としては、朝の1時間は、夕方や夜の2時間ほどに相当するのではないかと感じています。それほど、朝型生活のメリットは大きいのです。

入社してから5～6年目くらいまでは、意識して早く出社してみてはいかがでしょうか。世の中と会社の動きをいち早く確認し、業務効率を高めることを積み重ねれば、やがて仕事の成果に大きな差がつくことでしょう。

39

自分への投資を惜しまない

成長する若い人を見ていると、フットワークよくさまざまな場所に足を運んでいます。前項の「朝活」などもそうですが、コンサートや美術展、旅行などに出かける人も目立ちます。

今はネットなどを通じ、さまざまなエンターテインメントを手軽に楽しむことができます。ユーチューブで音楽や動画などを聞いたり見たりすることは、ごく当たり前のことになりましたし、グーグルマップを使えば、世界中の街を旅行したような気分になれます。

でも、時には**本物に触れて、自分の感性を磨くことが大切です。**

私は楽器を習った経験もありませんし、音楽については素人ですが、毎年正月には、クラシック音楽のコンサートを聞きに行くのが恒例行事です。また、面白そうな絵画展や美術展が行われていたら、美術館を訪れて本物を見るようにしています。

本物の作品は、やはり迫力が違います。たとえば同じ音楽をCDで聴くときより、コンサートホールで聴くときの方が、ずっと感動は大きいのです。おそらく、聴覚だけではなく、視覚や皮ふで音を感じるといった五感をフル活動させている分、大きな刺激を受けているからではないかと思います。

食べ物についても、時には「本物」を味わってみるといいでしょう。何も、ミシュランで星を得ているような高級レストランに行く必要はありません。しかし、先輩や友人から「あのお店は美味しかったよ」などと紹介されたお店があれば、自分の味覚で確かめてみるのです。その際は、料理だけでなく、お店全体の雰囲気、テーブルや椅子、そして食器に至るまで、すべてにアンテナを張り巡らせてください。さっと、何か発見があるでしょう。

自分への投資とは、お金をかけることだけとは限りません。**時間を費やすことも、立派な投資です。**時間をかけて本を読んだり、どこかを旅したりすることで、自分自身を豊かにできるでしょう。なかでも、たくさんの人と会うために時間をつくることは、未来に向けた素晴らしい投資です。

優れた人と出会うことには、3つのメリットがあります。

1つ目は、**知識やスキル、経験などを直接教えてもらえること。**周りを見渡してみれば、経験豊かなプロフェッショナル、その道の達人などが必ずいるはず。彼らに教えを請えば、あなたの仕事力は大いに伸びるでしょう。

2つ目は、**人脈が広がること。**メールや電話でどれだけやりとりをしても、信頼関係は築けません。これまでに何度も強調してきたように、仕事で大きな成果を出すためにはたくさんの人を巻き込むことが必要。ぜひ、フェーストゥフェースで語り合うことで、本当の絆をつくり上げてください。

3つ目は、**刺激を得られること。**優れた人の多くは、アクティブに行動し、貪欲に成長を目指しています。そういう人々を間近に見ることで、「私も頑張らなきゃ！」という気持ちになれます。

お金と時間をかけた分だけ、成長へのチャンスは大きくなります。そこで、常に自己投資をするように、自分に何かの決まり事を課してはいかがでしょうか。たとえば、「1週間に1冊は必ず本を読む」とか、「1カ月に2回は勉強会に顔を出す」などのように、ノルマを設けるのです。

ここで障害になるのが、「でも、お金がないからなあ」「忙しくてとても時間が取れない」といった言い訳です。しかし、努力をすれば、こうした問題は十分に解決可能です。本は買うだけでなく、図書館で借りるのもいいでしょう。時間が足りなければ、通勤時間や昼休みといった時間を活用することでカバーできるかもしれません。

若いうちは、自由に使えるお金もあまり多くはないかもしれません。日々の仕事に追われて、なかなか時間をつくれないケースも多いでしょう。しかし、そこで言い訳ばかりして行動を起こさなければ、きっと成長が止まってしまうでしょう。

まさに、プロローグで書いた「0・99を掛け算する日々」になってしまうのです。

356日、0・99で済ませるのか、1・01の積み重ねで飛躍的な成長を遂げるか。〝満足〟の上を行く〝感動〟を目指す努力の継続は、オーラとなって必ず表れます。自分への投資も、1・01が必要です。

40

世の中をポジティブに捉える

何か辛い状況にぶつかると、すぐにネガティブなセリフを吐いてしまう人がいます。代表的なのが、「だって……」「でも……」「どうせ……」など、Dで始まる言葉です。もし、こうした言葉を頻繁に使ってしまう人は、ちょっと注意が必要です。

これに対し、成長力のある人は、とてもポジティブな考え方をします。たとえば、今まで楽しく仕事をできていた人が、急に他の部門に異動を命じられたとしましょう。普通の人なら、「どうして異動しなきゃいけないんだ?」「どうせ私のキャリアなんて、会社は考えてくれないんだ」などと文句を言いかねない場面です。

しかし成長する人は、「新しい部門に行けば、新たな仕事を覚えられるぞ!」「異動先で、どんな人と出会えるのか楽しみだ!」「この一つひとつの積み重ねこそがキャリアアップなのだ!」などと前向きに考えます。現状を前向きな心で受け入れ、それを最大限に楽しもうとするのです。

こうしたプラス思考の持ち主になるためには、いくつかの条件が必要になります。まずは、自分自身に対して自信を持つこと。どんな場面でもある程度は対応できるという自負があれば、壁にぶつかってもへこたれずに済むでしょう。また、腹をくくれる度胸も重要でしょう。「失敗したって、またチャレンジすればいい」と考えれば、難局にも余裕を持って対処できるかもしれません。

なかでも**大事なことが、自分の仕事に意義を見いだすことです。しかも、できるだけ高いレベルで、仕事に対して意義づけすることです。**手がけている仕事が世の中に役立っているなどと確信できれば、物事をよい方向で捉えられるのです。

著名な経営学者のピーター・ドラッカーは、名著『マネジメント』（野田一夫・村上恒夫監訳　ダイヤモンド社刊）の中で、次のような話を書いています。

三人の石切り工の昔話がある。彼らは何をしているのかと聞かれたとき、第一の男は、「これで暮らしを立てているのさ」と答えた。第二の男は、つちで打つ手を休めず、「国中でいちばん上手な石切りの仕事をしているのさ」と答えた。第三の男は、その目を輝かせ夢見心地で空を見あげながら「大寺院をつくっているのさ」と答えた。

第一の男は、仕事を「収入を得る手段」としてのみ捉えています。もちろん、こうした考え方は間違っていません。しかし、仕事を「生きていくために、受動的にやらざるを得ないもの」と位置づけてしまうと、仕事を楽しむことはとても難しくなってしまいます。

第二の男は、かなり前向き度が増しました。自分を成長させることが、彼の原動力になっているわけです。ただ、第二の男の視線は、第一の男と同様に自分にだけ向けられています。これでは、まだ十分ではありません。

これに対し、第三の男は他者を見ています。そして、自分の手がけている仕事が、ほかの誰かのため、社会のために役立っていると実感できているのです。人間にとって、誰かとつながり、誰かの役に立てていることは、最大級の喜びです。だから、彼は「目を輝かせ夢見心地で」働くことができているのでしょう。

もう一つ、若い人に強調しておきたいことがあります。それは、人生は長期戦だということです。時にはスランプに陥ったり、壁にぶつかったりする経験も訪れるはずです。希望通りの仕事ができなかったり、人間関係に恵まれなかったりすることもあるでしょう。

しかしそれは一時的なもの。愚直に努力を続けていれば、必ず状況は好転します。仕事を、目先の状況だけで判断するのは避けましょう。できるだけ長いスパンで、大きな視野で捉えるのです。そうすれば、「小さなことではくよくよしない」という気持ちになれます。

あなたの仕事人生は、これから何十年も続くことでしょう。**それを楽しいものにできるかどうかは、すべてあなた自身の仕事への向き合い方次第です。**

41

多様性を受け入れる

時代は、金太郎より桃太郎。さて、何のことだか分かるでしょうか？

いわゆる「金太郎飴」は、どこで切っても同じ顔が現れます。つまり、金太郎飴とは似たり寄ったりで個性のない人材の象徴です。

従来の日本企業では、金太郎飴スタイルの人材育成が高く評価されていました。共通の目標に向かい、同じ仕事を同じようなやり方で進めることが、強く求められていたのです。しかし、こうした人材育成は時代に合わなくなっています。背景にあるのは、消費者ニーズの多様化です。

私が化粧品メーカーに入社した30年以上前、主力商品の一つに夏用ファンデーションがありました。実はこのファンデーション、ユーザーが17歳から70代まで幅広く存在していたのです。世代がまったく違う人に対し、同じファンデーションをお勧めする。そんなやり方が、昔は通用していました。

もちろん、今は大きく様変わりしています。年齢に応じて、肌の悩みに関するニーズは大きく異なります。また、同じ世代であっても、肌質や化粧の好みは千差万別です。ですから現在では、全年齢向けの化粧品など考えられないでしょう。ユーザー一人ひとりの要望に合わせ、個性的な商品を開発しなければならないのです。

こうした状況で、金太郎飴のように画一的な人材育成を行っていた企業は、苦境に立たされています。多彩なアイデアが出てこないため、多彩になる一方の消費者ニーズにうまく対応できないからです。

そこであなたには、桃太郎型の人材を目指してほしいのです。

桃太郎の素晴らしい点は、鬼ヶ島に向かう際に、個性豊かな仲間を集めたことです。犬はかみつき、猿はひっかき、雉《きじ》はくちばしでつつくことで鬼を打ち負かしました。桃太郎は、3者の特徴を上手に生かすことに成功したと言えるでしょう。

また、鬼退治という困難な目標に対し、多彩なメンバーを上手に巻き込んだ点も見事だと思います。もしかすると、桃太郎一人だけでは鬼退治は果たせなかったかもしれません。しかし、犬・猿・雉を仲間に引き入れたことで目的を達成できました。特に、本来は「犬猿の仲」であるはずの犬・猿を上手にコントロールできたことは、鬼退治の成功に大きく寄与したはずです。

「ダイバーシティ（多様性）」を受け入れるという概念は、少し前から一般的なものになってきました。そして今、企業のなかでは「インクルージョン」という言葉も広まりつつあります。これは、組織に属する人々が公平に扱われ、一体感を得ながら貢献できることを指します。

ダイバーシティとインクルージョンを併用することで、多彩な価値観を持つ社員を受け入れ、互いに認め合い、それぞれの力を引き出しながら組織としてのパワーを最大化しようとしています。

若手ビジネスパーソンにも、こうした考え方を取り入れてほしいと感じます。まずは、個性の豊かな人材になれるように心がけてください。たとえば、同じ部署にいる同僚が持っていない知識・経験を、積極的に身につけてはいかがでしょうか。そうすれば、「あの分野については、○○さんに聞けばいい」と周囲から頼りにされるケースが増えるでしょう。

また、個性豊かな人々を受け入れる度量も欲しいところです。犬猿の仲と思えるほどそりが合わない上司・同僚であっても、「仕事の成果」という目標に向かって手を携える。そんな器の大きな人物を目指しましょう。

さらに、個性豊かな人々をまとめる力も、磨いておくべきです。桃太郎は、きびだんごという報酬を提示して、犬・猿・雉を仲間にしました。しかし、それだけで鬼退治という危険な任務を果たす気になったとは思えません。おそらく桃太郎は、鬼退治の意義や、鬼を退治した未来の素晴らしさを語ることで、犬・猿・雉のモチベーションを高めたのではないでしょうか。また、「桃太郎についていこう」と彼らに思わせる魅力があったのかもしれません。

こうして、豊かな個性・多様な人々を受け入れる習慣を身につけましょう。

度量や人を引きつける魅力を手にし、あなたの実力は一段上のステージに達するはずです。

42
「縁」を意識し、大切にする

「チャンスの女神には前髪しかない」という言葉を聞いたことはありますか？

これは、絶好機にためらっていると、せっかくの機会をみすみす失ってしまう危険性があると指摘するものです。

実は、「縁」にもまったく同じことが言えます。**大切だと思う人と出会ったら、決して躊躇《ちゅうちょ》してはいけません。主体的に動いてしっかりと縁を結ぶことが大切です。**

この本を通じて何度も強調してきたように、一人で働くことはできません。多くの人を支え、支えられることで人は仕事をやり遂げられるのです。ですから、多くの人と縁を結ぶことは、仕事力を高めたいと願うビジネスパーソンにとって不可欠だと言えるでしょう。

私も、不思議な縁の存在をいくつも経験しています。時には、３０年もの時を超えて再会を果たしたこともありました。

前に勤めていた会社で、キャリアデザインに関するセミナーを開催したときのことです。そこには、全国各地から約100人の社員が参加。私はセミナールームで、開講前の準備をしていたのです。すると突然、一人の女性から声を掛けられました。

「元気だった？　私のことを覚えてる？」

その女性は、私が入社直後にお世話になったビューティーコンサルタントでした。右も左も分からなかった私に仕事を教えてくれた、まさに「恩人」だったのです。私が営業部門から異動した後は疎遠になっていましたが、折に触れ「あの人のおかげで成長させていただいたなあ。いつかお会いして、きちんとお礼を言いたいものだ」と考えていました。

そんな方とばったり会えたことは、まさに偶然でした。前職の化粧品メーカーは、従業員数が3万人を超えるような大組織。しかも、その方とは部門も異なっていたため、出会うチャンスはごく限られていたと思います。

しかし、その方に出会えるチャンスを願っていれば、もう一度縁が得られるのだと私は実感したものです。その出会いは偶然ではなく、必然だったのかもしれません。

天台宗の僧侶で、時に死と直面するほど厳しい修行である「千日回峰行《せんにちかいほうぎょう》」を2回も満行（修行のすべてを終えること）された酒井雄哉大阿闍梨《だいあじゃり》は、著書『この世に命を授かりもうして』（幻冬舎ルネッサンス新書）で、このように書かれています。

「みんなよく言うじゃない、『偶然ばったり会ったんですよ』とか『たまたまつながったんですよ』とか。それは縁があったってことでしょ。縁があれば会えるし、縁がなければ会わない（略）」

「縁があっても、通りすぎてしまうってこともあるわな。気づかないまま、すれ違っちゃう。誰にもご縁というのはあるものなんだけど、そのご縁に気づけたかどうかで、縁を結ぶことができるかどうかが違ってきちゃうんじゃないの。ご縁はいろんなところにあるけど、そのご縁を結ぶことができるかどうかは、そのとき『動けたかどうか』ってことなんだよ。それが『やるか、やらないか』だよ。『やる』って決めてすっと動くということは、ご縁を結んでるんだ。いろいろ理由をつけて『やらない』と、ご縁が通りすぎちゃう」

酒井大阿闍梨のこのお言葉は、まさにその通りだと思います。人との縁は、ボーッと待っているだけでは得られません。自分で行動し、誠実に絆を強める努力をして、初めて得られるものなのではないでしょうか。

あなたの前にも、日々、数え切れないほどの「縁の女神」が通り過ぎているのです。しかし、それに気づかない人は少なくありません。実にもったいないことだと思います。

実は、私がこの本を書いているのも、ある縁がきっかけでした。縁は、思いも寄らない世界を開いてくれることがあります。

あなたも縁の存在を意識し、人との出会いを大切にする姿勢を持ち続けていれば、自然に縁の輪は広がっていくと思うのです。それが、いずれはあなたの可能性を広げる手助けをしてくれるでしょう。

43

感謝の気持ちは、必ず言動で伝える

私は人生においていちばん大切なことは、「感謝」だと思いますので、本書の最後のキーワードとして、再度、感謝を取り上げます。

私たちの多くは、電車で会社に通勤しています。普段は、電車が決まった時間に出発し、予定通りに到着するのを当たり前だと考えているでしょう。しかし、電車が定刻通りに運行されているのは、鉄道会社の人々が日々努力をしている結果なのです。

時おり、大雪や台風などで鉄道ダイヤが乱れるケースがあります。普通なら、自宅に待機して天候が回復するのを待つことでしょう。しかし、鉄道会社の人々はそうはいきません。悪天候でも現場に出て、鉄道を運行させるために汗を流します。その結果、多くの人々が電車に乗って移動できるわけです。

似たようなことは、あらゆる分野で繰り広げられています。私たちが弁当や総菜をコンビニやスーパーで手軽に手に入れられるのは、農業や漁業、畜産業に携わっている方々や、物流業の皆さんなどがいるからこそ。ガスや電気を使えるのだって、インフラの整備に心を砕く人がいるからでしょう。このように、当たり前に過ごしている日常生活も、よく考えてみれば、自分以外の誰かが支えてくれているのです。

仕事も同様です。私たちの仕事は、常に誰かに支えられています。私の場合、ある工場を訪れた経験を通じて、そのことを痛感しました。

その工場は、化粧品の試供品（サンプル）を箱詰めする業務を担当していました。ラインを担当しているスタッフの方々は、流れてきた箱に決められた商品を詰めていきます。地味で、根気が必要な仕事です。しかし、そこで作業をしていた皆さんは、与えられた環境の中でどうすれば貢献できるのか考え、誠実に働いていました。

これは、ショックでした。私が営業の現場にいたとき、試供品をその辺に放り投げたり、古くなったものを深く考えることなく捨ててしまったことがありました。しかし、その試供品がこれほど一生懸命作られていたことを知って、私は恥ずかしくなったのです。そして、営業の仕事が、普段は接点のない工場の皆さんに支えられていることを、私は身をもって知りました。

感謝の気持ちは、自分が周囲に支えられていると実感したとき、初めてわき上がってきます。逆に言えば、**感謝の気持ちを持ち続けることで、周囲との関係性を自覚し、上司や同僚たちと協力しながら働くことができるのです。**ですから、感謝の念を意識して持つことは、成長のために不可欠だと言えます。

神戸大学大学院経営学研究科の金井壽宏教授は、著書『人勢塾〜ポジティブ心理学が人と組織を鍛える』（小学館）で、「感謝日誌法」という取り組みを紹介しています。これは、その日に起きた感謝すべき出来事を、ノートに5つ記録するというもの。これを続けると、人生に好感を持ち、エネルギーに満ちあふれるという自覚が高まって、ポジティブな気持ちになれると言います。

ノートに記録しなくてもＯＫです。金井先生から後日お聞きしたのは、おはじきを使ったやり方です。毎朝、右のポケットにおはじきを5個入れておきます。そして、誰かに「ありがとう」と伝えられたら、そのたびにおはじきを1つ、左のポケットに移します。こうして、1日に最低5回は感謝の言葉を口にすることになります。

1日に5回ということは、1カ月で約150回、1年で約1800回ということになります。これだけの回数、感謝を口にする機会が増えれば、気持ちの面で大きな変化が表れるでしょう。

感謝とは、相手の存在を受け入れ、相手に与えようとする気持ちにつながります。

前述したように、感謝には「作用と反作用」の力が働くもの。誰かに与えようとする意識が強いほど、周囲からたくさんの支えを得ることができます。

ぜひ、感謝の気持ちを積極的に伝えましょう。そうすれば、あなた自身が周囲から感謝される機会も増えるはずです。そして成長が加速することでしょう。

おわりに

入社5年目の若手社員からのメールを紹介します。

「先日、小学校から続けている日記を読み返していました。そこに新入社員研修の最終日、深澤さんが話されていた内容が書き綴《つづ》られていました。『ここにいる104人は奇跡です。選考からのプロセスを考えると、気が遠くなるくらいの確率でこの場にいるのです。この仲間と出会えたことが奇跡なのです。どうか、同期を大切に、これからも力を合わせて頑張ってください。』」

という内容でした。

このような素晴らしい「縁」というものを大切にしつつ、どうしたら若手社員として成長することができるのかをお伝えしたく、長年、会社の人事という立場で経験したことを、具体的なエピソードを詰め込んで、「仕事に大切な基礎力」として皆さんにお届けすることとしました。

これからの厳しい環境を考えれば、決して平坦な道ばかりではないでしょう。猛烈な雨や強風で前が見えなくなるときも数多くあるでしょう。それでも夢をあきらめずに、自分の力を信じて、謙虚に真摯に慎み深く一歩一歩進んでいけば、素晴らしい縁に恵まれ、あなたが目指していた場所に辿《たど》り着けると信じています。目先の成果にとらわれず、本質を身につける努力を重ねていって下さい。

会社や組織を信頼し、そして貢献し、同期、先輩、上司と共に進み、日々、「自育力」を磨き続けていきましょう。

私が好きな京都の三十三間堂の本堂に通じる所に、こんな言葉を見つけました。

「教えることは習うこと、どちらも何度もくり返し」

学ぶことは、一生続くものです。お互いに学び合い、そして育ち合い、これこそが理想に向かって成長するための秘訣であると思います。

もう一つ、最後にお伝えしておきたい言葉に、ディズニーランドやディズニーシーのキャストがいつも心がけている、「毎日が初演である」があります。

謙虚に誠実に、いつまでも、初心を忘れずに学び続けてください。

私は30年以上勤めた会社を卒業し、大学教授としての道を選びました。この本は、資生堂時代に経験したことを思い出し、若手ビジネスパーソンの皆さんに向けて、成長のヒントになることを記しました。

もちろん、これから就職活動を迎える大学生の皆さんにも、今、社会が何を求めているかをお伝えし、大学時代をどう過ごしていけばよいのかの指針にもなればと考えました。

あなたの成長の参考になれば、とても幸せです。

そして、同時に資生堂への感謝の意味も込めました。

長い間私を支えてくれた資生堂の諸先輩・同僚の皆さん、本当にありがとうございました。おかげさまで充実した仕事をやり続けることができました。そして、この本を作るにあたっては、会社生活のスタートラインから見つめてきた若手社員の成長プロセスを通し、私が感じたことを綴《つづ》らせていただきました。この場を借りて心より感謝申し上げます。

また、どんなときも私を励まし支えてくれた、妻、長男、長女、本当にありがとう。

資生堂で学んだ「一瞬も一生も美しく」の心を大切に持ち続け、実践女子大学の目指す「品格高雅にして自立自営しうる女性」の育成のため、私の旅を続けます。

２０１４年７月

深澤 晶久

【著者紹介】

深澤 晶久（ふかざわ あきひさ）

◉――1957年東京生まれ。慶應義塾大学卒業後、㈱資生堂に入社。営業、商品開発、マーケティング部門、ならびに労働組合中央執行委員長などを経て、2006年より人事部にて人材育成を担当し、2009年より人事部人材開発室長を務める。８年間にわたって、採用・研修、キャリアデザインなどの責任者として、資生堂グループの人材育成全般に関わる。その間、約1,000人の新入社員を迎える。

◉――2014年より実践女子大学 大学教育研究センター特任教授として、キャリア教育全般を担当している。

◉――文部科学省「産業界のニーズに対応した教育改善・充実体制整備事業委員会」委員、「インターンシップ等推進委員会」委員、経済産業省「社会人基礎力育成・評価手法開発プロジェクト委員会」委員、「社会人基礎力の評価に関する有識者会議」委員、一般社団法人フューチャー・スキルズ・プロジェクト（FSP）研究会監事、東京商工会議所「若者・産業人材育成委員会専門委員会」学識委員、京都市立日吉ヶ丘高等学校学術顧問などを務める。

◉――資生堂人事部時代には、大学・企業などからの要請で「企業が求める人材」などの講演を多数行い、６年間で延べ20,000人が参加している。

◉――人財創造工房（Human Create Labo）代表。

仕事《しごと》に大切《たいせつ》な７つの基礎力《きそりょく》　〈検印廃止〉

2014年７月７日　第１刷発行

著　者――深澤　晶久Ⓒ

発行者――齊藤　龍男

発行所――株式会社かんき出版

東京都千代田区麴町4-1-4 西脇ビル　〒102-0083

電話　営業部：03(3262)8011㈹　編集部：03(3262)8012㈹

FAX　03(3234)4421　振替　00100-2-62304

http://www.kanki-pub.co.jp/

印刷所――ベクトル印刷株式会社

ISBN978-4-7612-7013-1 C0030